業務成果と人と組織の成長を同時実現!
開発チーム革新を成功に導くインパクト・メソッド進化版

インパクト・コンサルティング

倉益幸弘／宗像 宏／久保昭一／内田士家留／髙木家治

はじめに

　本書は2009年に出版された「開発チーム革新を成功に導くインパクト・メソッド」の進化版である。同書は私たちにとって01年の会社設立後初めての著書であった。それまで私たちはコンサルティングを依頼された会社の現場に身を置き、現場で起こっている問題・課題解決にクライアント幹部、またマネジャーの方々とともに没頭してきた。

　弊社創業者・故岡田幹雄の言葉に「コンサルタントは理論あとづけ、産業界貢献」という言葉がある。これはコンサルタントはクライアントの現場の現実問題をクライアントと一緒になり解決するのが役割、その結果として良い変化と成果が出た時はその時のものの見方と解決行動が正しかったから解けたのであり、それは今後普遍的な考え方（理論）になる、というものである。実践内容を整理、そして理論化し日本産業界に貢献していくのがコンサルタントの使命であるという生き方を表した言葉である。その岡田の信念ともいうべき考え方に基づき前著を出版したのが09年であった。

　私たちのコンサルティング内容は従来経験したことがないコミュニケーションのとり方であったり問題課題解決のやり方のため、実践している内容が本当に伝わるだろうかとささか不安でもあった。しかしながら多くの企業から支持をいただき、出版をきっかけとして新規企業様延べ20社の御支援を新たにさせていただくことになった。

インパクト・メソッドの目的である「ビジネスの成果」と「人と組織の成長」の同時実現は必ずしもすべてのチームに確約されたものではない。その違いがどこから来るのかを現場で探求、試行錯誤するなかで仕事のやり方に対する考え方、価値観に踏み込まなければ本質的なところは変わらないことが改めてわかってきた。具体的には好結果にならない仕事のやり方の根底にある価値観をマネジャー、メンバーが自覚し、正しい価値観で行動できるようになれば好結果につながるのである。そして正しい仕事のやり方価値観と行動が変わるには「格闘」が必要になるということである。本書では理論あとづけとして整理した「マネジメントは格闘」という新しいコンセプトについて第4章で解説する。

　本書により進化したインパクト・メソッドを理解する仲間が増え、研究開発部門のマネジメント革新、そして知力生産性向上と組織風土活性化に役立てていただければ幸いである。

2016年12月

株式会社インパクト・コンサルティング
代表取締役　倉益幸弘

CONTENTS

001 はじめに

007 **C**ASE **マネジャーが動かなければ
マネジメント革新は起こらない**

027 **現場の現実と経営**
第1章

029 1.1 開発部門を取り巻く厳しい現実
042 1.2 職場にはびこる3つの慣習
065 1.3 好結果を生まない仕事のやり方
076 1.4 3大慣習を生む誤った価値観と仕事の特性

| 085 | 第2章 | **慣習を打破し、仕事のやり方を変える革新活動** |

- 087 　2-1　インパクト・メソッドで実現したいこと
- 090 　2-2　3つの革新とは
- 091 　2-3　3つの革新① コミュニケーション革新
- 106 　2-4　3つの革新② 問題・課題解決革新
- 114 　2-5　3つの革新③ チームワーク革新

| 129 | 第3章 | **革新活動のためのインパクト・メソッドプログラム** |

- 131 　3-1　プログラム全体の流れ
- 135 　3-2　「導入研修」① マネジャー研修
- 142 　3-3　「導入研修」② 立ち上げ研修
- 172 　3-4　「導入研修」③ 見える化研修
- 187 　3-5　革新活動を継続するためのイベント① マネジメント状況共有会
- 201 　3-6　革新活動を継続するためのイベント② 革新検討ミーティング
- 203 　3-7　革新活動を継続するためのイベント③ 中間発表会
- 206 　3-8　革新活動を継続するためのイベント④ 飛越式(卒業式)

209 **第4章 革新のために欠かせない「型」「心」「格闘」**

211 4-1 革新実現のための新しい着眼点と実践手段

221 4-2 正しい価値観ができたマネジャーは行動が変わる

240 4-3 具体的な「格闘」の数々

254 4-4 「格闘」から人と組織は成長する

258 おわりに

装丁・本文デザイン■株式会社クロス
編集協力■伊田欣司／朽木丈人／奥山麻子／有限会社バウンド
イラスト作成■すざ木しんぺい

CASE

マネジャーが動かなければマネジメント革新は起こらない

インパクト・メソッドの最終ゴールは「業務成果達成と、個人と組織の成長」である。そのゴールに到達するため、職場の問題・課題をとらえ、解決に向けて仕事のやり方を変えていく。そして、会社、職場（チーム）、個人に対する好結果を実現し続ける。

　ここでは、ある導入職場のケースを紹介しながら、インパクト・メソッドが必要とされた職場状況、マネジャー、チームの変化を見ていく。

新製品の開発が遅れる職場

　化学品メーカーのR社は、5年ほど前まで競争力の高い製品をいくつも開発し、ある化学製品の分野で国内シェアのトップを競う好業績の会社だった。しかし近年は業績が伸び悩み、売上が落ち込む年もあった。経営陣は、業績不振の原因のひとつが開発力の低下にあると判断し、インパクト・メソッドの導入を検討した。

　私たちはコンサルテーションに入る前に、開発部門の関係者を中心にヒアリングを実施する。経営トップ、担当役員、開発部門長、マネジャーに対して、ビジネス環境の認識や現状の問題、実現したい職場の状態などを尋ねる。必要性を感じれば、開発現場のリーダーや担当者の一部まで対象を広げることもある。このヒアリングによって、経営の意思や方針が社内で正しく共有されているか、各階層の問題意識は何か、業務の進捗状況や情報共有の仕方、職場の雰囲気や人間模様などの仕事のやり方、すなわちマネジメントの仕方が見えてくる。

　R社の場合、競合他社が高い性能と信頼性を備えた新製品を定期的に市場投入できているのに対して、自社は魅力的な新製品を生み出すための競争力が以前より落ちている、という認識が経営陣に強かった。新製品を発売しても、他社に比べて性能と価格（コスト）に対する革新性が弱く、市場に送り出すペースも遅いことが問題視されていた。

　経営陣は、開発スピードが遅いことをたびたび問題視し、も

っと速いペースで新製品を市場に出すことを求めていた。製品を市場に出せば売上アップにつながるが、現場では主力製品の改良プロジェクトが大幅に遅れ、当初の計画よりも発売が3カ月以上も先に延期されることが何度かあった。

職場に見られた"悪しき慣習"

　第1章で詳しく説明するように、インパクト・メソッドでは、好結果を生みだせない開発職場には「ドタバタ型」「遅れ常態化型」「アウトプット出ず型」の3タイプがあると考えている。R社の開発部は「遅れ常態化型」の典型で、マネジャーから現場スタッフまで納期遅れを問題としないマインドが見られた。開発プロジェクトが立ち上がるたびに「開発大日程納期」を掲げても、実際に守られることは少なかった。職場全体に「プロジェクトは計画どおりに進まないもの」「企画段階で示される納期はとりあえずの目安で現実は違う」という誤った価値観、誤った認識が蔓延していた。

　経営層はその点に気づいていながら、効果的な打ち手を見つけることはできなかった。開発部では過去に2度、専門のコンサルティングを導入し、業務プロセスの改善や技術およびマネジメント情報システムの見直しに取り組んでいる。しかしコンサルティング終了後の数カ月間は、開発大日程納期が多少守られるようになった程度で、すぐにまた元の状態に戻ってしまった。経営層はこの経験から、いくら業務プロセスを改めても"人づくり"が同時に進まなければ根本的な解決にならないと判断した。効果的な打ち手が見つからないまま、経営層は、開発部

長に「この職場の状況をなんとか変えられないか」と要望を出すしかなかったのである。

　納期遅れが常態化する原因はいくつもある。私たちから見て、R社の開発部は、まず職場のコミュニケーションに問題があった。開発テーマの背景や目的と目標、方針などが、担当役員からマネジャー、メンバーの間で十分に共有されていなかった。そのため、現場スタッフはそれぞれ自分が理解できる範囲の目標を定め、開発業務にあたっていた。途中のチェックでその誤りが見つかり、やり直しや手戻りが発生するケースも頻発していた。

　それと同時に、インパクト・メソッドで悪しき慣習のひとつである「個人分業と個人依存」も見られた。分業化が進んだ職場では、ひとりの開発スタッフがひとつないし複数のプロジェクトを担当し、他のスタッフはそのプロジェクト内容について詳しく知らないという状況が生まれる。進め方が誤っていても本人以外は気づくことがなく、開発業務で悩んだり困ったりしても相談相手は少ない。私たちはこの慣習を「個人商店化」と呼ぶこともある。

　R社は、既存製品のアイテム数が多く、その小改良など細かい開発業務に多くの時間が割かれることも個人分業が進んだ理由であり、新製品開発の遅れにつながっていた。

プレイングマネジャーの苦しい状況

　R社の開発部にはふたつの課があり、第1課は主力製品の改

図表 C1　R社開発部の問題点

「納期厳守」を掲げても守ることができない！

「プロジェクトは計画どおりに進まないもの」

その原因は？

「企画段階で示された納期と現実は違う」

---

①職場のコミュニケーションの問題
- 開発テーマの背景や目標、方針などが、担当役員からマネジャー、メンバーの間で十分に共有されていなかった
  ⇒開発業務の途中のチェックでその誤りが見つかり、やり直しや手戻りが発生するケースが頻発

②個人分業と個人依存
- ひとりの開発スタッフがひとつないし複数の仕事を担当。他のスタッフはその内容について詳しく知らないという状況　私たちはこの慣習を「個人商店化」と呼ぶこともある。
  ⇒進め方が誤っていても本人以外は気づくことがなく、開発業務で悩んだり困っても相談相手がいない

（個人商店化）

既存製品のアイテム数が多く、改良などの細かい開発業務に多くの時間を割かざるを得ない。
「新製品開発の遅れ」の原因に

良と新製品開発を担当し、第２課は特定業界の製品に使用される受注生産品を担当していた。ふたつの課があるうち、経営陣が特に職場の革新と活性化を望んだのは、業績を大きく左右する第１課だった。
　第１課は、42歳の澤野課長のもとに７人のメンバーがいて、ＡチームとＢチームのふたつに分かれていた。澤野課長は、プレイングマネジャーとしてＢチームのチームリーダーも務めていた。

　澤野課長は、現場の開発者として優れた実績があり、５年前にマネジャーに昇進したときは社内の期待が相当に大きかったという。
「しかし、個人商店型の仕事のやり方職場で育った開発者がマネジャーに昇進したとき、部下であるメンバーの力を引き出しチームで仕事をするマネジメントができるかどうかは未知数」
　上司の青木開発部長は、そのように澤野課長のマネジメント能力をみていた。課長になってからも、開発者として自分の担当業務は着実に進めるものの、メンバーの力を引き出しチームで仕事を進めるリーダーシップを発揮しきれていないことに青木部長は問題認識をもっていた。

　澤野課長にいわせれば、それは日々の膨大な仕事に追われて、部下の仕事や育成に目を向ける余裕がなかったからだった。経営層や営業から指示や要請が矢のように降ってくる。関係部署からは改良や実験の要請がある。目の前にある仕事の山をメン

図表 C 2 　R社開発部第1課の組織図

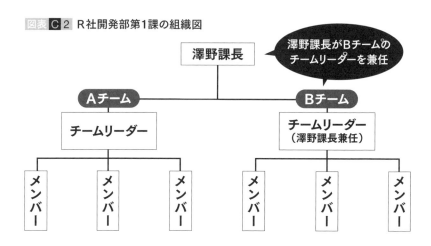

図表 C 3 　澤野課長の問題点

開発者としては優秀だが、マネジメントへの意識が低い

- ほとんど席にいないため、部下が相談できない
- 納期が近づいたときだけ、部下に催促のメールを出す
  ⇒部下は相談できずに自分の判断で仕事を進めざるを得ない
- 部下が自分の判断で業務を進めると……
  ⇒アウトプット確認後にやり直しを命じる

- 部下は徒労感が募り、モチベーションが低下
  ⇒澤野課長とメンバーには大きな溝ができた

**技術の中身や仕事の進め方について本音で話せるような
場面が少なく、メンバーには不満が鬱積する状態に**

バーにふり分けることで精一杯だった。デスクの書類入れは、未処理の案件であふれ、パソコンを開けば、未読メールがつねに100通以上はあった。困り果てて、Aチームのリーダーに未読メールをそのまま転送する"スルーパス"も珍しくなかった。その一方で、自分にしか担当できない高度な開発テーマに没頭することもあった。

メンバーが開発業務について相談したくても、澤野課長はほとんど席にいない。初めに仕事を割り振られ、納期が近づくと澤野課長から催促のメールが届く。先輩や他のメンバーも忙しくて相談相手はいない。しかたなく自分で判断して業務を進めると、アウトプットを確認してからやり直しを命じられる。徒労感でやる気を失うメンバーや、毎回のように悩みを抱えてメンタルヘルスを壊すメンバーが出たときもあった。

当然、澤野課長とメンバーの間には深い溝ができる。顔を合わせても、業務の進め方や技術テーマについて本音で話せるような場面はなかった。メンバーには不満が鬱積していた。

澤野課長も、自分の職場が混乱状況にあるという自覚はあった。青木部長からはたびたび改善の要請があり、根が真面目な澤野課長は、土日を返上してマネジメントについての書籍を読み、自費でセミナーにも通った。しかし知識をいくら吸収してもマネジメント・スキルは身につかない。職場で実践を試みるが、ことごとく失敗に終わったという。

本当にコミュニケーションがよい職場か

担当役員は「社内のコミュニケーションは良いほう」と語っ

ていたが、会議の進め方や指示の出し方を見るかぎり、開発職場が陥りやすい"悪しき慣習"が認められた。インパクト・メソッドでいう「コミュニケーション不全」である。

　第1課では、毎週月曜の午前中に課会を開いていたが、青木部長が「まるでお通夜のようだった」と表現したほど活気がなかった。それは毎回ほぼ同じパターンで進行していた。初めに澤野課長が、部課長以上の会議で決まった内容を伝える。そのあと、各担当者が順番に前の週に進めた業務の状況とこれから進める業務の予定を説明する。一般的なミーティングの進行だと思われるかもしれないが、ここには多くの問題が含まれている。

　インパクト・メソッド導入後に、メンバーが課会の模様を振り返ると、例えば次のようなやりとりがあったという。

澤野課長「先週中にN製品の試作を終わらせるはずだったけど、あれはどうなった？」
Aさん「すみません、まだ終わっていません。営業部から急ぎの検査を頼まれて、そっちのレポートに時間をとられました」
澤野課長「そのレポートはいつお客さんに提出するんだっけ？」
Aさん「確認できてません」
澤野課長「しかたないな。試作のほうも急いでいるんだから、ちゃんと終わらせないとダメじゃないか。今日中に何とするように」
Aさん「……わかりました」

インパクト・メソッドでは、このような会議の進め方を「過去追及型」と呼ぶ。1対1の結果確認は「個人分業と個人依存」に陥りやすく、問題・課題の解決は後手にまわってしまい、解決スピードは遅くなる。
　このようなビジネス環境とのミスマッチや、「コミュニケーション不全」をはじめとする"開発職場にはびこる悪しき3大慣習"については第1章で詳しく解説する。

"マネジャー失格"を突きつけられる

　インパクト・メソッドでは、初めに部長、課長を対象とする「マネジャー研修」を実施し、その後にメンバー全員が参加する「立ち上げ研修」へと続く。ふたつの研修は、これから取り組む活動の基本的な考え方を学ぶ場だが、立ち上げ研修では、メンバーが不平不満を出し合い、職場の問題を棚卸しをする「吐き出し」というワークがある。活動スタートに先だち、ここでメンバー全員の問題意識を共有する。この「吐き出し」から、メンバー全員で話し合って、職場のマネジメント状況を絵に表す「マネジメント・スタイル図」と、会議などコミュニケーションのとり方を絵に表す「コミュニケーション状態図」を描いていく。

　第1課の「吐き出し」「マネジメント・スタイル図」「コミュニケーション状態図」から明らかになったのは、"マネジメント不在"の実態だった。そこには「コミュニケーション不全」「個人

図表 C-4 「コミュニケーション状態図」の例

ワンマンショーを演じるマネジャーと、その聴衆であるメンバーで、日常のやりとりを表現したコミュニケーション状態図。ワンマンショーを見ているメンバーの頭上に「?」が見えるように、舞台(マネジャー)と客席(メンバー)に大きな溝があることを表している。

分業と個人依存」「あいまいなスタート」と私たちが呼んでいる「開発職場にはびこる3大慣習」がはっきり認められた。

澤野課長は、部下から"マネジャー失格"の厳しい評価を突きつけられて、強いショックを受けていた。

「あのときは、自分の行動を振り返って、マネジャーとしてのどこに問題があったのかと、何度となく自問自答した」

本人がそう語るように、厳しい活動のスタートとなったが、

図表 C 5 「マネジメント・スタイル図」の例

岐阜県の長良川などで知られる「鵜飼い」をモチーフにしたマネジメント・スタイル図。マネジャーを「鵜匠」に、現場の担当者は鮎を獲る「鵜」にたとえている。舟の上で手縄を操る鵜匠がチームの問題点をつぶやき、ビジネス成果を上げる難しさを吐露する一方で、鵜はそれぞれ身勝手なことをつぶやいている。

澤野課長はその"葛藤"から逃げることなく、自己改革と職場革新に挑んでいくことになる。

活動の"ご利益"は３カ月ほどで実感できる

　インパクト・メソッドでは、立ち上げ研修のあとは「見える化研修」と、コンサルタントとチームで活動状況を確認する「個別相談会」があり、毎月１回、各チームの活動状況を報告しあう「マネジメント状況共有会」が開かれる。標準的な活動では、約６カ月から１年をかけて日常業務の進め方を抜本的に変える「日常マネジメント岩盤」の形成に取り組んでいく。

　第１課では、「見える化研修」で職場全体の業務状況と開発スケジュールを明らかにしていった。「大日程」「中日程」「小日程」などの模造紙と付箋紙を用いた「見える化ボード」を作成し、個人が仕事を抱え込む状況を壊していく取り組みである。

　同時に、課会の方法も改めた。これまでの「過去追及型」から、仕事の未来に目を向け、問題と課題に対策の手を打っていく「段取りコミュニケーション（段コミ）」への変化である。

　この段コミはインパクト・メソッドでは活動のベースとなるもので、３大慣習を打破する「３つの革新」に欠かせないコミュニケーション手段である。「３つの革新」とは「コミュニケーション革新」「問題・課題解決革新」「チームワーク革新」のことで、その詳細については第２章で述べる。

　第１課では、毎週水曜の午後に３時間以上をかけて段コミを実施し、それ以外の日も毎朝20分から30分のミニ段コミを実施

写真 C 6 段コミの様子

段コミでは、マネジャー、リーダー、メンバーの全員で「見える化ボード」を囲み、業務内容、技術課題について遠慮なく意見を出しあう。こうした取り組みによって、チームワークを発揮する土台が醸成されていく。

するということを全員のスケジュールに組み込んだ。段コミではマネジャー、リーダー、メンバーの全員で、プロジェクトの計画を模造紙と付箋紙で描いた「見える化ボード」を囲み、職場全体の業務や個々の業務内容、技術課題などを明らかにしていく。同時に、頭を寄せ合って遠慮なく意見を出し合い、仕事上の問題・課題を未来志向で解決していく。

そこにはメンバーごとの技術課題の大変さや忙しさも表れ、技術課題解決のアイデアにはチームで知恵を出し、負荷量に偏りがあればお互いにサポートしあうかたちでチームワークが発揮される。新人や若手にとっては、実際の業務内容を検討するなかでベテラン開発者の技術ノウハウや仕事の進め方を学ぶ場

にもなる。個人商店化していた頃には考えられなかったほどの成長スピードが見られ、本人の成長実感も大きい。

このような綿密なコミュニケーションがとれるようになると、職場全体で仕事の進め方は大きく変化する。スタートから３カ月が過ぎた頃には、リーダー以下のメンバーは、以前に比べて業務の進捗がスムーズになり、活動の"ご利益"を実感してきた。

しかし澤野課長は、職場状況の改善が見えはじめると、段コミはリーダーに任せて、自分は参加しないことが増えてきた。以前と変わらず、他部門との会議や客先対応に追われ、仕事を抱え込むスタイルに戻ってしまったのである。

澤野課長の"格闘"

若手メンバーが"ご利益"を得て成長していく一方、マネジャーが仕事の進め方を変えられないケースは珍しくない。開発職場の悪しき慣習に浸(つか)っていた年月が長く、頭では活動の意義を理解しても、行動はまるで変わらないためである。

澤野課長は、目の前の仕事に意識がいってしまい、チーム全体や個々のメンバーが見えなくなっていた。リーダーが段コミの内容について報告しても、あれこれと指示は出すが、現場の現実を見ていないため、観念的な話に終始するようになる。メンバーとの間に再び溝が生じ、メンバーのほうも意欲を失って、チーム全体の活動が停滞するようになった。一時的に解消されたプロジェクトの遅れも、また目立ってきた。

私たちコンサルタントは「マネジメント状況共有会」で、"マネジメント不在"の状況が再発したこと、チーム活動が停滞し

ていることを指摘した。担当役員と青木部長は、改めて澤野課長に意識改革を求め、部長自ら個別指導にあたるなど、職場革新への熱意を示した。

　ここから澤野課長は、本格的なマネジメント上の"格闘"を経験する。マネジャーには、会社から与えられたミッションとの"格闘"、チームメンバーや他部門など他人との"格闘"など、いくつもの"格闘"がある。しかしその前提には、好結果を生み出さない悪しき価値観を破壊する"格闘"、つまり自分自身との"格闘"を必要とする。正しいマネジメントの考え方を頭で理解しても、それだけでは好結果に結びつかないのは、自分の悪しき価値観を破壊できないためである。

　澤野課長は、苦しい自問自答を続けるなかで、あることに思い至る。
「現場のプレイヤーとして実績を認められたプライドが捨てきれなかった。課長の立場にいながら、マネジメントについて、頭で観念的に理解するだけで、腹の底からわかったという実感はなかった。マネジャー研修で教わったマネジメントの定義を繰り返し思い出し、2カ月ほど頭のなかで考えを重ねるうちに、ふとわかった気がした」

　インパクト・メソッドでは、マネジメントについて次のように定義している。

「成果に責任をもつものの見方と行動」

そのためにマネジャーは次の４つを自分のミッションとして実行していくことになる。

①目標（好結果）をつくる、目標を描く
②目標に対する問題や課題を解決する行動をとる（手を打つ）
③目標達成のためにやり方を変える、変わる状態をつくるリーダーシップを発揮する
④人とチームを成長させる

　澤野課長は、自分自身との"格闘"を通して、マネジャーとしてどう行動すべきかを初めて腹の底から理解することができたのだろう。
　澤野課長に大きな変化が見えたのは、活動開始から８カ月が過ぎた頃だった。それは、チームのメンバーも「マネジメント状況共有会」で認めている。
　段コミに必ず参加するだけでなく、職場のコミュニケーションを高めるため、普段から積極的にメンバーに声をかけ、業務の状況を尋ねてアドバイスする。より明確で具体的な目標を立てるため、自分の思いを強くおもてに出して、メンバーの意見にも謙虚に耳を傾ける。プロジェクトの問題・課題をみんなで見つけ出し、先手先手で解決していく。そのために必要な経営層や他部門との交渉にはエネルギーを惜しまない。メンバーの成長、チーム全体の成長をつねに考え、半年後、１年後にどんな仕事を担当してほしいかを明確に語れるようにもなった。
　当時、澤野課長とコンサルタントの間でよい変化をなぜ起こ

せたかを話しあう場があった。そのときの澤野課長のひと言が彼の成長を物語っていた。

「インパクト・メソッドの本質を何度も考え直すなかで、私が気づいたのは業績回復とプロジェクト目標達成のプレッシャーに負け、仕事は見ていたけれど、人の心は診ていなかったことでした……」

つまり、マネジャー本来の役割をあらためて認識し、役割発揮ができるようになったのである。

開発部門の革新活動が会社の業績を変える

澤野課長の変化に、メンバーも刺激を受け、停滞していた活動が急激に盛り返してきた。「マネジメント状況共有会」で日々の活動を発表すると、担当役員や青木部長、他チームのメンバーは、異口同音に「見違えるように変化した」と賞賛した。

職場状況の変化は、プロジェクトの成果としても表れている。活動開始から約1年が過ぎる頃には、プロジェクトの「開発大日程納期厳守」が徹底され、実際に守られるようになった。それは日々の業務で、やり直しが従来の50％以下になったという数値からも確認できた。

プロジェクトのスタート時には、澤野課長から明確な指示が出され、リーダーが全体像を説明し、チーム全体で討議することで、事前に問題・課題を潰せるようになった。個人商店化は解消され、担当者が勝手な思い込みで仕事を進めることも、途中で迷って悩みを抱えることもなくなった。

第1課の「日常マネジメント岩盤」が形成され、インパクト・

メソッドの「飛越式」(卒業式)を迎えたあとは、既存製品の改良版が矢継ぎ早に発売され、これまでにない性能や機能を備え、適切な価格の新製品もいくつか発売された。

　開発職場の革新活動が会社の業績に直結したことで、経営トップはじめ経営層は、自分たちの認識が正しかったことを確認できた。5年ほど続いた業績の低迷からようやく抜け出すことができたのである。

第1章 現場の現実と経営

CASEでは、導入企業のR社をモデルに、インパクト・メソッドの活動と成果について概説した。停滞ムードに満たされた開発部門が、"好結果を生みだす職場"へと変わっていく過程がイメージできただろうか。

　私たちがめざす「業務成果の達成と、個人と組織の成長」は、いまや多くの開発職場に共通のミッションだろう。

　好結果を生みだせない開発職場には共通の原因や背景が見られる。第1章では、日本の開発部門がなぜ"好結果を生みだせない職場"になったのか、具体的にはどのような"病状"や"症例"が見られるかについて解説していこう。

開発部門を取り巻く厳しい現実

ふたつの環境変化

　私たちはおもに自動車、電機、IT、精密機器、化学などの業界でコンサルテーションに携わってきた。ここ20年を振り返ってみると、各業界の開発部門を取り巻く環境がめまぐるしく変化したという実感がある。

　その環境変化は、開発部門にとって厳しいものであり、しかもスピードが速い。本来なら、その変化に対応して開発職場のマネジメントを随時変えていく必要があるはずだが、実際は対応しきれていない企業のほうが多い。それどころか、仕事のやり方や人材育成の方法が、この20年間ほとんど変わっていない開発職場も珍しくはない。

　変化対応が遅れている開発部門は、当然、職場に多くの問題を抱えている。プロジェクトはトラブルが多発し、製品の性能や機能、信頼性、コスト、発売時期などが当初の計画どおりにはいかなくなる。開発スタッフは、トラブル対応に追われて達成感がなく、モチベーションが低いまま、慢性的に疲弊した状態で働いている。

　開発部門を取り巻く環境変化は、大きくふたつに分けて捉えることができる。市場、競合他社、経済状況などの「外部環境

の変化」と、経営方針、業績、従業員の構成や働き方などの「内部環境の変化」である。

　これらの環境変化は、経営層であれば敏感に気づいて、正しい状況認識をもつことができる。しかしミドル層や現場になると、変化そのものが認識できていない場合も多い。プロジェクトが思いどおりに進まないことは認識できても、その理由がふたつの環境変化にあることにはなかなか気づかない。ただ漠然と、職場の停滞ムードや仕事のやりにくさを感じているだけといってよい。

　これから解説する「外部環境の変化」と「内部環境の変化」が、自分たちの開発職場に当てはまるかどうかを確認していただきたい。

外部環境の変化

　開発部門を取り巻く外部環境の変化には、次の3点が挙げられる。

①**プロジェクトの急増**
②**開発期間の短縮**
③**開発目標の高度化**

①**プロジェクトの急増**

　私たちはコンサルテーションのなかで、開発職場のマネジャーに「20年前に比べてプロジェクト数はどのくらい増えましたか？」と尋ねる。すると、たいてい「2倍以上」という答え

が返ってくる。

　90年代に比べて、国内市場では消費者ニーズの多様化が進み、それにともない多品種少量化が一般的になった製品が増えてきた。同時に、新製品に対する市場の反応は速まっている。ＩＴによる情報伝達のスピードが上がったことも影響し、売れる製品と売れない製品の差が開き、発売直後はよく売れた製品でもぱったりと売れ行きが止まることがある。

　そのような販売上のリスクが高まるほど商品数は増える傾向にあり、多品種少量化がさらに進んでいく。これがプロジェクト数の増加を招く原因のひとつにある。

　一方で、製品のライフサイクルも短期化してきた。例えば、20年前は２年ごとに新製品を発売していたメーカーが、いまでは１年ごとか、さらに短い期間で新製品を市場に投入しているという話もよく聞く。そのようにライフサイクルが短期化した業界は多く、必然的にプロジェクト数は増加している。

　経営の視点からいえば、市場ニーズに合わせてプロジェクト数を増やす必要があり、そこで競合他社に後れをとれば一気に競争力を失いかねないという危機感がある。

　ところが、開発職場の多くは、プロジェクト数の増加に対応しきれていない。現場ではつねに複数のプロジェクトが同時並行で進み、開発スタッフは、ひとつのプロジェクトが終了しても、達成感を味わったり成果を振り返ったりする余裕はない。たとえ職場の問題に気づいても、改善することなく別のプロジェクトを担当することになる。業務の見直しや成長は妨げられ、いつまでもレベルアップができない。

図表 1-1-1 外部環境の変化

外部環境の変化

①プロジェクトの急増

90年代に比べ、国内市場では消費者ニーズの多様化や製品のライフサイクルの短期化が大幅に進んだ。その結果、ある業界では以前の半分ほどの期間で新製品を市場に投入するのが当たり前になっている。企業は、このような消費構造の変化に対応する以外に経営を維持する方法はなく、開発プロジェクト数を増やさざるを得ないのが実情だ。

②開発期間の短縮

開発プロジェクト数が倍増したにもかかわらず、商品企画から量産に至るまでの期間が年を追うごとに短縮化しているという製造企業やIT企業は多い。品質をつくり込む検討時間が十分にとれず、結果的に多発する不具合の対処に追われ、トータルの業務量はさらに増えるという"負のスパイラル"に陥るケースも多い。

③開発目標の高度化

品質向上や高機能化、コストダウンなどの開発目標は、新しいプロジェクトのたびに高度化する傾向にある。例えば、「量産試作での不具合ゼロ・市場クレームゼロ」「前回モデル比30％ダウン」という目標だ。開発目標の高度化が終わりなく続くことによって開発者はいつまでも達成感を得られず、"出口が見えないトンネル"にいる感覚に陥ることになる。

また、ひとつのプロジェクトで大きなトラブルが発生した場合、マンパワーにも時間にも余裕がないため、その影響が他のプロジェクトにもおよんでしまうことが多い。いわゆる"トラブルの玉突き現象"が起こる。慢性的に綱渡りのようなプロジェクト運営を強いられるという悪循環につながりかねない。

②開発期間の短縮
　多くの開発職場で、プロジェクト数が２倍以上に増えたにもかかわらず、開発にかけられる期間は20年前に比べて短くなっている。現場のマネジャーにいわせれば、「３分の２程度」もしくは「２分の１程度」にまで短縮されている。
　開発競争が激しくなるなかで、製品企画から量産、販売に至るまでの期間は年を追うごとに短縮され、開発業務の極端なスピードアップが求められている。なかには、試作品の評価結果を待たないうちに図面を出図する、といった開発業務にとっては危険きわまりない状況も生まれている。
　そこで不具合が発生すれば、その対応に追われることになり、トータルの業務量はさらに増える。気がつくと、開発職場はそのような"負のスパイラル"に陥っていることになる。

③開発目標の高度化
　製品のスペックや品質などの開発目標が、新規プロジェクトのたびに高度化している。新製品開発で、例えば次のような目標を掲げる企業は多い。

品質目標：量産試作での不具合ゼロ／市場クレームゼロ
コスト目標：前回モデル比で30％のコストダウン

　このような目標が当たり前になると現場はかなり苦しくなる。技術的な難易度が高く不具合ゼロのうえにコスト減では、新製品開発のたびに目標は際限なく高まることになる。開発スタッフが"出口が見えないトンネル"と感じるのも無理はないだろう。いつまでも達成感が得られることなく、不安感ばかりが募っていく状況である。

内部環境の変化

　外部環境の変化に呼応する形で、多くの職場で次のような内部環境の変化が起きている。

①**複数プロジェクトの同時進行**
②**キャリア構成のアンバランス**
③**組織の巨大化と複雑化**
④**ＩＴツールの普及**

①**複数プロジェクトの同時進行**
　消費者ニーズが多様化した状況では、アイテム数を増やさなければ売上を伸ばすことができなくなる。そのような発想も、開発プロジェクトが増えた一因である。
　アイテム数を増やすためには、複数のプロジェクトを同時進行させなければ、製品数を稼げない。そのような職場は、高負

荷で過酷な働き方が常態化する。慢性的な高負荷状態である。特に業務が集中するのは技術力が高い開発スタッフだが、掛け持ち業務が増えればミスが発生しやすくなる。

　現場はマンパワーが不足し、マネジャーがプレイヤーを兼務することも多い。チーム内の業務量調整など、マネジャー本来の仕事までは十分に手がまわらなくなり、負荷量の偏りやチーム全体でのロスが解消されることはない。

②キャリア構成のアンバランス

　チーム内のキャリアバランスが崩れてきたことも、多くの開発職場が抱える共通の問題である。「リーダー以外は若手と新人だけで、高度な技術と知識をもつベテランがいない」と状況の厳しさを訴えるマネジャーも最近は珍しくはない。

　マネジャーとリーダーは、経験の浅い若手スタッフを指導しながらプロジェクトを推進しなくてはならない。しかし、業務の必要に迫られ、若手では難しい仕事を任せることもある。そこでミスが重なれば、やり直しによる時間的なロスが生まれ、トラブルが起こるたびにリーダーが"火消し"にあたるなど、プロジェクトが計画どおりに進まない原因となる。

　若手の育成に関しては、かつては6〜7年かけて丁寧に指導し、技術者として一人前になるのが一般的だった。現在は、3年でそのレベルまで達してほしいというのがマネジャーの率直な思いだろう。職場全体の負荷量が増大するなか、とにかく目の前にある業務をこなせる即戦力を求めているからである。

しかし反対に、若手の成長は以前に比べて遅くなっているように見える。マネジャー自身が多忙のため、部下指導の意識が希薄になったことも原因のひとつであり、目先の業務が優先されて、貴重な成長の機会が見過ごされている。中身の濃いOJT（On the Job Training）を経験できない若手スタッフは大勢いる。たとえ本人に成長意欲があっても、プロジェクトが切れ目なく続くなかでは、自分がやり終えた仕事を振り返る余裕はない。
　また、90年代に広まった組織のフラット化も、人材育成に悪影響をおよぼしている。ベテランと新人が横並びに扱われ、それぞれ個別の業務を担当するようになると、かつてのようにベテランが新人に自分の技術やノウハウを伝えていく機会が減ってくる。先輩の業務を手伝いながら、仕事の基礎を叩き込まれるような育成法もあまり見られなくなった。大学院卒が増えるなかで、経験の幅が強みの"叩き上げ"は貴重な存在となりつつある。

　さらに、今ではスタッフの３割以上が派遣社員の職場も珍しくないが、その状況にマネジメントがしっかり対応できないと、かえって現場は混乱をきたすことになりかねない。
　派遣社員の雇用には、一般的に次のようなメリットがある。
「正社員の開発スタッフがメインの担当業務に集中できる」
「業務量に応じて雇用人数を調節できる」
「採用や育成の費用が節約できる」
　これらのメリットは、適切なマネジメントが機能して初めて得られる。ポイントは、正社員とのスキルギャップ、労働時間

や業務指示における制約などがあるため、マネジメントに工夫が必要になることである。

　派遣社員にスキルアップを求めても、その職場で働く期間は長くない。職場環境に慣れ、仕事の中身について理解が深まった頃に職場を去るケースもある。「数年後はこの職場にいない」という前提では、ベテランは技術やノウハウを伝える意欲を失ってしまう。

　キャリア構成のアンバランス、組織のフラット化、派遣社員の増加は、マネジメントを複雑にし、職場全体のレベルアップや技術の蓄積を難しくしているといえる。

③組織の巨大化と複雑化

　日本企業は、私たちがコンサルテーションを始めた頃に比べて事業規模が拡大し、組織の巨大化と複雑化が予想以上に進んだ。特にグローバル時代を迎えてからは、生産拠点だけでなく開発拠点も外国に置く企業が増えている。

　組織が大きくなり、構造が複雑になるほど、セクショナリズムが横行して、部分最適が優先されてくる。小規模組織に見られるような、フレキシブルな部門間連携はどんどん難しくなってくる。組織の上層部でない限り、組織全体を見渡せる視野はもてない状況である。

　開発部門のトップに組織全体を見渡せる視野があっても、マネジャー層や現場には共有できないため、現場にセクショナリズムが生まれてしまうこともある。企画部門や営業部門との壁、製造部門との壁は、開発業務に思いがけないロスを発生させる

原因になっている。組織が小さかった頃のフレキシブルな部門間連携を知るトップほど、現状に対する問題意識は強い。

　工場の海外移転による社内環境の変化も大きい。開発部門と生産現場との物理的な距離は、コミュニケーションに影響してくる。ＩＴが発達したことで一見すると情報伝達はスムーズになったようだが、現状ではまだＩＴを通じて送受信できる情報の質と量に限界がある。同じ職場にいるスタッフでも、ＩＴを通したコミュニケーションが増えるほど、意思疎通に不具合が生じてくる。
　仕事のコミュニケーションはそれだけ複雑で多くの情報量を必要とする。国内と海外の距離を埋めるだけのコミュニケーションはＩＴを駆使しても不可能に近い。
　開発スタッフにとって、製造現場との距離が開くことは、プロジェクトの成果にも影響する。以前は、量産ラインの立ち上げに開発者も参画していたが、現在は自分が設計した製品を組み立てる現場を一度も見たことがない若手エンジニアもいる。製造現場が物理的に遠くなれば、開発スタッフが触れる情報は少なくなる。量産工程まで考慮した開発設計が困難になる。
　例えば、主要な部品が、工場がある現地で調達される場合、その部品の特性や問題点などを見越した設計が必要になる。現場の細かい情報が不足すれば、開発に根本原因がある不具合の発生を招きやすくなる。重大な不具合から、製品リコールという最悪の事態に発展しないとも限らない。

④ＩＴツールの普及

　ＩＴが普及する以前は、職場の情報伝達は、Face to Faceのコミュニケーションが大部分を占め、電話やファクシミリは補助的な役割を担っていた。パソコン、電子メールなどのＩＴは、個人で仕事を進めるときは便利だが、チームで情報共有を図る場合はまだ本当に役立つレベルに達していない。ＩＴが普及するにつれて、「職場のコミュニケーションが希薄になった」と感じる経営者やマネジャーが増えたのも事実である。

　以上のような環境変化に対応しきれていない開発現場は多い。そのような対応の遅れは、職場内にマネジメントの歪みとして表れる。品質低下、納期遅れ、コスト増大などの問題が日常的に起こる職場は、"環境とのズレ"という観点でマネジメントの状態を見直してみるといいだろう。
　マネジメントの歪みは、開発スタッフに大きなストレスを与える。モチベーションを下げ、ヌケ・モレなど仕事のミスが多発する原因となる。仕事が思うように進まなければ、開発スタッフはひとりで悩みを抱え、メンタルヘルスを崩してしまう場合もあるだろう。

　そのような状態が目立つ職場は、"環境変化に適したマネジメント"ができていないと考えたほうがいい。経営層、マネジャー層に原因があるケースも多い。
　特にマネジャー層は「プロジェクトが多すぎる」「開発期間が短い」「この職場は若い技術者が多い」などの不満を口にす

図表 1-1-2 内部環境の変化

内部環境の変化

①複数プロジェクトの同時進行

開発プロジェクト数の急増を背景に、多くの製造企業やIT企業の開発部門では多数のプロジェクトが同時進行するという状況が常態化している。それにもかかわらず人員数は以前のままという企業は多く、開発者は慢性的な高負荷状態にある。プロジェクトリーダーを兼務することも多いマネジャーはマネジメントに手が回らず、負荷の増加や偏りはなかなか解消されない。

②キャリア構成のアンバランス

終身雇用、年功序列など、「日本的経営」といわれた雇用制度が崩壊した結果、多くの開発職場で、チーム内のキャリアバランスが崩れている。なかには「リーダー以外は若手と新人だけで、高度な技術と知識をもったベテランがいない」というチームもある。OJTで若手を育てるのは難しくなり、そのことが技術者の成長スピードに影響を与えている。

③組織の巨大化と複雑化

90年代後半以降、巨大化・複雑化が進んだ日本の製造企業では、各部門の部分最適が優先され、部門間の連携が難しくなっている。2000年代に大きな成長を遂げた企業も同じ道をたどっている。そのため、本来、緊密に連携していかなければならない他部門との間に壁があると感じている開発部門のマネジャー、メンバーは多い。

④ITツールの普及

パソコン、eメール、CADといったITツールの急速な発達で、コミュニケーション環境は一変した。劇的に便利になったが、反面、Face to Faceのコミュニケーションが少なくなったことで、職場のコミュニケーションが希薄になり、問題が起こるといった負の影響も出ている。

る場面がよく見られる。マネジメントがうまくいかない原因を環境に求める気持ちはよくわかるが、何ひとつ解決策を生み出さない。

　ここで重要なことは「環境変化は与件」であるという意識の切り換えである。環境変化は回避できるものではない。部長、課長などマネジャーには、この激しい環境変化を「あらかじめ与えられた条件」と受けとめ、環境が問題なのではなく、環境変化に対応できていないことが問題であるという認識が必要とされる。

　かつての「イケイケドンドン」の時代には、仕事が増えれば人を増やすこともできたし、残業も今の時代ほど制約がなかった。人を育てる時間的余裕もあった。そのようななかで行われてきた仕事のやり方やマネジメントの仕方と、今の時代環境に適応したやり方が異なるのは言うまでもない。

　しかしながら直面している環境変化は、いまだかつて経験したことのない環境変化であり、新しい変化対応の考え方が必要である。

　インパクト・メソッドは環境変化に対応したマネジメントに切り替える考え方であり、現在の開発部門が抱える問題の大部分を解消できる「正しい仕事のやり方」を身につけるための方法論である。

1-2 職場にはびこる3つの慣習

　経営環境に適さないマネジメントは、職場にさまざまな歪みを発生させる。多くのマネジャーは、その観点から"現場の現実"を直視した瞬間に危機感を覚える。当然、問題解決に当たろうと努力するが、マネジャー個人で正しい解決策にたどり着けるケースはごくわずかである。
　システム改善をはじめとして、開発部門の効率化策はいくつもある。しかし実際に試してみればわかるように、部分的改善はたしかに進むが、仕事の進め方そのものが根本的に変わるほど強いインパクトはない。

　現在の経営環境に適した正しい仕事の進め方は、一般に考えられているほど簡単に実現できるものではない。その場合に大きな障害となるのが、職場の「マネジメント慣習」である。マネジメント慣習とは、言い換えれば「好結果を生まない、組織と個人がやり慣れた仕事のやり方」である。
　組織にも個人にも、「それが当たり前」と考えられている仕事のやり方がある。競争の激化からくる社内外の環境変化から考えればその本質を考えた対応策が必要であるが、人はどうしても従来から慣れ親しんだ楽でやりやすい仕事のやり方に流れてしまう。経営環境が変わっても、やり慣れた仕事のやり方は

「こんなもんだ常識（入社した時からこのやり方が当たり前）」となって組織と個人の意識に根づき「慣習」がつくられていく。

インパクト・メソッドでは、職場にはびこる慣習として特に次の3点をとらえている。

①コミュニケーション不全
②個人分業と個人依存（個人商店化）
③あいまいなスタート

　私たちはこれらを「職場の3大慣習」と呼んでいる。職場で長年、当たり前とされてきた仕事の進め方は、マネジメントの観点でとらえ直さない限り、その弊害は認識されない。私たちが「慣習」と呼ぶのはその点にある。職場の慣習は、その弊害が認識できて改めたとしても、すぐに後戻りする性質がある。
　ここからは、職場の3大慣習について、ひとつずつ解説していくことにする。

3つの慣習①コミュニケーション不全

　職場にはびこる慣習の第一は、誤ったコミュニケーションのとり方である。職場内に見られる多様なコミュニケーションのうち、特に問題が生じやすいのが、仕事の授受と進捗状況の把握の仕方である。「仕事の授受」とは、上司が部下へ仕事を授け、部下が上司から仕事を受ける場面を指している。

　図表1-2-1はある開発チームが、自分たちの会議中、コミュ

図表 1 2 1 コミュニケーション不全

ニケーションが不十分であることを図に示したものである。インパクト・メソッドでは、このような日常のコミュニケーション状況を描いた絵を「コミュニケーション状態図」と呼んでいる。

　奥の右端に座っているのは課長で、隣りのAさんから、左まわりに報告を求めている。Aさんは週報をもとに先週の進捗状況を報告している。他のメンバーはみなそれを聞かないで、自分の順番がまわってきたときに何を話せばいいのかを考えている。
　部長はAさんや他のメンバーから意見を聞くことはなく、「遅

れ挽回のために△△部と調整しなさい」と一方的に指示を出している。それを聞いた左隣のメンバーは「部長、それはアンタの仕事でしょ!!」と、心のなかで不満を漏らしている。

　この絵に描かれた会議の光景は、けっして特殊なものではなく、コミュニケーション不全の職場によく見られる典型的な状況である。このようなコミュニケーション不全を引き起こす原因はいくつもある。

　まず、会議の場がまるで裁判のように、発生した問題について理由を詰問するだけで、解決策は担当者に丸投げして終わるケース。この「過去の結果確認型」が実に多い。

「予定ではこうなっていたが、この仕事はもう片づいたか？」
「いえ、まだ終わっていません」
「なぜ、終わらなかった」
「実は他の仕事が入ってきて……」

　このような過去の追及が続いていく。しかし問題の理由を詮索したところで、失った時間を取り戻すことはできない。「週報は死亡診断書」と私たちは言っているが、過去の出来事についていくら原因を考えてもあとの祭りである。むしろ善後策を考え、これから先どう行動するかについて、具体的に議論して方向づけしなければならない。

　ふたつ目のポイントとして、部長が他部署との調整を部下任せにしている点にも注目したい。このように問題解決を部下任せにすれば、解決のタイミングが遅くなって問題が大きくなる恐れがある。

なぜなら、Ａさんは他部署の担当者に調整を依頼し、それが相手部署の上司にあがり、その結果が担当者からＡさんに伝えられ、Ａさんから部長に伝えられ、また部長からＡさんに指示が出され……という具合に部署間の調整について情報が行きつ戻りつするからだ。

　このような、利害対立がある部署間のコミュニケーションは「Ｕ字管現象」と呼ばれている。組織の下のほうだけがつながり、上のほうは接することがない。
　そうではなく、逆Ｕ字管のコミュニケーションに改め、部長が他部署の責任者と直接交渉して方針や方向性を決め、その後は部下に任せるというのが、正しい問題解決の形である。これなら部下は迷うことなく、問題解決がスピーディーになるだろう。「部長、それはアンタの仕事でしょ!!」という部下の指摘は、まさに的を射たものだ。

　３つ目のポイントは、メンバーがそろっているにもかかわらず、結果確認が１対１のコミュニケーションとなっている点である。
　他のメンバーは、あとで順番がまわってくる自分の報告に意識を奪われ、Ａさんの話には耳を傾けていない。他のメンバーがＡさんの状況を共有すれば、問題解決のアイデアを出したり、作業を手伝ったりすることができ、問題解決の質やスピードは格段に上がる。１対１のコミュニケーションでは、そのようなチーム力を発揮する機会を失ってしまうのである。

[第1章]現場の現実と経営

報告を受けても動かないマネジャーが多い

　図表1-2-2は「なかなか飛ばない黒ひげリーダー」というタイトルがつけられ、トラブルの報告を受けても解決に動かないリーダーの姿を描いている。

　「黒ひげ危機一発」は、海賊が樽から首を出し、プレイヤーが樽の穴に順番に剣を一本ずつ刺していくゲーム。ハズレの穴に剣を刺すと海賊が飛び出して負けとなる。

　この図では、海賊はリーダーであり、メンバーはプレイヤーとなって「報告」「相談」という剣を刺している。リーダーに

図表1-2-2 マネジメント・スタイル図（なかなか飛ばない黒ひげリーダー）

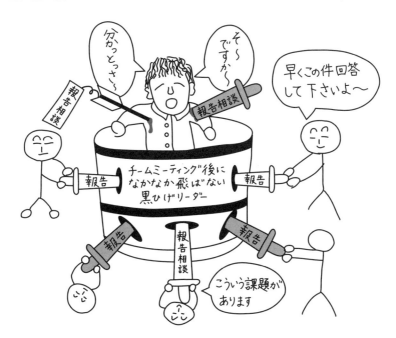

はその剣がすべて刺さっており、報告や相談はたしかに聞いているのだが、「そ〜ですか〜」「分かっとっさ〜」と言うだけで、メンバーにアドバイスを与えることも、自ら解決に動くこともない。

「どうせ報告しても対応してもらえない」と思えば、部下はやがて報告する気が失せてしまうだろう。部下目線に立って問題解決に動かないマネジャーに対して、メンバーは不信感を募らせることになる。マネジャーとメンバーの間で心の距離が広がってしまうと、チームワークの発揮はもはや期待できない。

また、私たちはコンサルテーションのなかで、グループミーティングの発言時間を計測したことがある。すると、マネジャーが一方的に話す時間が、全体の95％以上を占めるケースが珍しくなかった。あるマネジャーは「ミーティング中に沈黙が３秒も続くと自分が喋りだす」と語っていた。

一方通行の指示ばかりでは、ミーティングの場はマネジャーのワンマンショーになり、メンバーのほうに相談したいことや確認したいことがあっても、なかなか切り出せない。そのようなコミュニケーション不足が、あとで仕事のミスを生むことは十分に考えられる。ミーティングの進め方ひとつで、チームの仕事成果が大きく左右されてしまうのである。

３つの慣習②個人分業と個人依存

職場にはびこる慣習の第二は、業務分担の方法に問題がある「個人分業と個人依存（個人商店化）」である。この慣習は、各

[第1章]現場の現実と経営

図表1-2-3 マネジメント・スタイル図(自職場のマネジメントスタイル)

担当者が孤立し、他人の業務は中身がまったく見えないという状況を生む。その結果、互いに相談したり、アドバイスを与えたりすることはなく、チームワークが発揮されなくなる。

図表1-2-3は、この慣習が表れているマネジメント・スタイル図で、怒りっぽいマネジャーが雷さんにたとえられている。

雷さんはいつも地上から遠く離れた雲の上にいる。雲の分厚い壁があることで、部下の状況はよく見えていない。メンバーは自分の仕事をこなすのに精いっぱいで、職場内でコミュニケーション不全も起きている。

それにもかかわらず、マネジャーは担当者がミスを犯すとすぐにカミナリを落とす。メンバーは「どうしよう……」と悩み、

「他は知らない〜」と自分の世界に引きこもっている。

　このような"現場の現実"に目を向けないマネジャーは、個々のメンバーに向けて、バケツをひっくり返すように仕事を一気に降らせてくる。孤立した池のなかにいるメンバーは、オーバーフローになって溺れかけているが、救いの手を差し伸べる人は誰もいない。プロジェクトの初めに割り当てられた仕事は、自分ひとりで進めなければならない。

　この個人分業と個人依存は、「個人商店化」「タコツボ化」とも呼んでいる。例えば、規模の大きなソフトウェアを開発する職場などでは、頻繁に見られる。巨大なソフトウェアの開発は、複数のメンバーで業務を分担して同時進行させることが多く、仕事が細切れ状態に分解されて割り振られるからだ。ソフト開発以外でも、権限移譲や組織のスリム化を進めてフラット化した職場に、この慣習は起こりやすい。

　このような個人分業と個人依存は、業務分担の考え方におもな原因がある。プロジェクト全体の構想を考えたマネジャーが、仕事を細かく分けて「Aさんには〇〇の業務を担当してもらおう。Bさんには△△を……」と割り振る職場は多い。私たちはこのような業務分担を「(ひとりの) 人に仕事をつける」と呼んでいる。

　この方法がよくないのは、ある業務について、進捗状況や今後の進め方を知っているのが担当者ひとりだけになるという点である。たとえマネジャーが、各メンバーから細かく報告を受けたとしても、実務を担当するのはひとりという状況に変わり

はない。

　メンバー同士は「隣は何をする人ぞ」という意識になり、途中で仕事に行き詰まったメンバーがいても、周囲の人たちには気づくきっかけさえない。気づいた場合でも、それまでの経緯を知らないため、相談に乗ることも手助けすることも難しく、チームメンバー同士のかかわりはどんどん希薄になっていく。その結果、メンバーはお互いに無関心になり、「不干渉の壁」という見えない心の壁ができて、チーム全体の問題・課題解決力まで損なわれてしまう。

　個人に仕事をつける職場では、マネジャーはたいてい、各メンバーの状況を細かく把握できていない。さらに情報がマネジャーに集中するので、状況の情報を処理しきれなくなる。
　そのため、いったん業務が割り振られると、あとは各担当者の孤軍奮闘になってしまう。メンバーはしだいにプロジェクトの全体像が見えなくなり、極端な場合は、マネジャーでさえ全体像をつかめていないケースもある。

アウトプットの質が個人の能力に左右される

　この慣習がある職場では、各担当者は、アウトプットの質と仕事のプロセスを独自に判断して決めることになる。経験豊富で技術力が高いベテラン社員なら、それでも業務を進められるだろう。しかし新人や職場経験が数年程度の若手社員では、自分勝手に決めた方向へ進んでしまうと大きなミスにつながる。それが怖くなり、悩みを抱えて手が止まってしまう担当者もよ

く見られる。

　しかしマネジャーは、設計ミスや納期遅れなどの明らかなトラブルが発生するまで、各担当者の状況には気づかない。トラブル対応は、つねに場当たり的な事後処理になる。複数の担当者が、同時多発的にトラブルを起こした場合など、プロジェクト全体の進行がストップする事態も招きかねない。

　火事にたとえれば、"ボヤ"のうちなら簡単に消せた火を見逃し、"大火事"になってから気づくようなものである。早期に火種を見つけて消火活動に当たるといったスピード感はない。職場のあちこちで火の手が上がっている、という状況を迎えてしまう。

　トラブルが多発すると、そのたびにマネジャーは火消しの活動に追われ、そのうち手がまわらなくなる。スケジュールの遅れ、コスト増大、メンバーの高負荷や疲弊……そのような状況に至ると、マネジャー自身も精神的なプレッシャーが大きくなる。

　さらに、この慣習が強い職場は、組織に要求されているアウトプットの質が、個人のスキルに左右される点も問題となる。品質や納期にバラツキが生まれ、集団の知恵が入った付加価値が高い仕事にならない。

　また、フラット化された組織では、マネジャーは従来グループリーダーが担っていた役割まで求められ、マネジメントする範囲が広くなる。各担当者からの情報をタイムリーにつかみ、適切なマネジメントを実施するには、情報量があまりに多くて消化不良になる。当然、チーム全体で好結果が出るような状況

図表 1 2 4 マネジメント・スタイル図（放置OJT）

ではなくなる。

若手社員の成長が遅れる

　開発職場では、若手社員が何日も悩んでいた問題・課題が、経験豊富なベテランによって即座に解決したという例は珍しくない。個人分業と個人依存の慣習がなく、メンバー間のコミュニケーションが活発で、特に若手とベテランが日常的に接している職場では、悩んでいる若手にベテランが自然とアドバイスを与える機会がある。その効果は大きく、メンバーが自分勝手な方向に仕事を進めたり、手が止まったりすることは少ない。

図表1-2-4の「放置OJT」は、若手社員が多い開発チームが描いたマネジメント・スタイル図である。メンバーは、仕事の細かい指示も、スキルアップに役立つ適切な指導を受けることもない。ただやみくもに仕事を続けている状況が、穴掘りで業務成果を探している様子として描かれている。
　メンバーは「何すれば良いんだろ？」「とりあえずここで良いんだよな〜」「確かこの辺に！」と手探りで仕事を進めるしかない。トラブルが起きて、背中に火がついたメンバーは、駆け込み寺へ助けを求めて向かっている。その先に座っているマネジャーは、涼しげな表情で一方的に指示を出すだけ。問題が発生してから上司が動く事後問題解決型であり、若手社員を放置し、もがいている姿を見守るのがOJTだと勘違いしているようだ。
　「部下の成長が遅い」と嘆くマネジャーは実に多い。しかしそれが「放置OJT」の結果であるなら、自分で自分の首を締めていることになる。アウトプットの質が個人の能力に左右されるという状況が、いっそう深刻化していくのである。

3つの慣習③あいまいなスタート

　職場にはびこる慣習の第三は、「あいまいなスタート」である。これはマネジャーがプロジェクトの内容を十分に事前検討することなく、各担当者に対して仕事のプロセスを含めた詳細な指示を与えることなく、プロジェクトがスタートすることが常態化している状況をいう。つまりは、仕事を始める時点のコミュ

ニケーション不足がおもな原因である。

　担当者が仕事の途中で迷ったり悩みを抱えたりするのは、プロジェクトの初期段階で、大切な方針、方向性や進め方が詳細に伝えられていない場合が多い。つまり、それらが明確に示され、共有されたときほど、仕事は順調に進み、リードタイムは短くなる。もちろん、マネジャーは仕事の全体像、大切なポイント、進め方などについて、職場内で共有しようと務める。その徹底には、強いマネジャーのリーダーシップが必要となる。

　図表1-2-5は、ある若手開発者が上司から仕事を渡され、自

図表1 2 5 あいまいなスタート

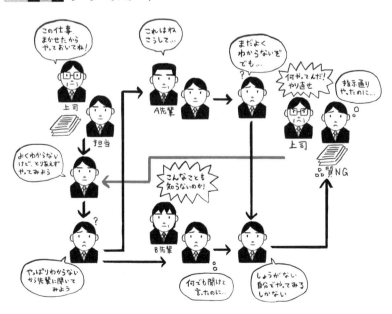

分がその後どのように進めているかを描いたものである。

　上司からはたいてい「まかせた」のひと言で仕事を渡される。ほぼ丸投げのかたちである。担当者は自分で仕事の進め方を考え、着手するのだが、不明な点が山ほどあるため、案の定、すぐに行き詰まってしまう。

　わからない点は先輩に相談してみるが、それもうまくいかない。面倒見のいいＡ先輩は、忙しいにもかかわらず懇切丁寧に説明してくれる。しかしそのせいで、Ａ先輩自身の仕事が遅れてしまう。あまり時間をとらせると、こんどはＡ先輩の仕事が不完全なものとなり、悪循環のサイクルに陥ってくる。

　しかたなくＢ先輩に相談すると、最初は「何でも聞いていいよ」と親切に言ってもらえたのに、実際に相談が度重なるとだんだん不機嫌になり、そのあげくに「こんなことも知らないのか！」と激怒する始末。

　先輩に迷惑をかけられないから、とにかく自分ひとりで仕事に取り組んで図面を提出すると、上司から「品質がわるい！」とやり直しを命じられる。本人にしてみれば「指示どおりにやったのに」と言い返したいところだろう。

　やり直しを命じられてまた仕事にとりかかるが、わからない点に変わりはない。やはり自分で考えたり先輩に尋ねたりするが、いっこうに解決の道が見出せないまま、初めと同じルートをたどりだす。

　無力感に打ちのめされながら、自分なりにトライする→やり直しを命じられる→やらされ感をおぼえる→モチベーションが下がる、といった悪循環に陥ってしまうのである。

このチャートを見せると、若い開発者はたいてい暗い表情で「自分も同じです」と感想を漏らす。上司から仕事を渡されるときに、丁寧な説明もなく丸投げされているメンバーは、どの開発職場にもいるものである。

　ところが、仕事を渡す上司のほうは、自分では十分に説明したつもりでいる。丸投げしたという意識はない。メンバーがどこまで自分の説明を理解しているか、その確認を怠るから、そのような意識のギャップが生まれてしまう。

　なかには、自分も忙しくていちいち説明できないと、本当に丸投げしているマネジャーもいる。この丸投げタイプに共通するのが「自分もそうやって育てられた」という体験談だ。

　それが事実かどうかはともかく、20年前とは開発部門を取り巻く環境がまるで違う。現在は、若手社員に数多くの試行錯誤を体験させ、自力で成長するのを待てるほどの余裕はない。そのような"手抜きの言い訳"を平気で口にするマネジャーは要注意である。

　一方、仕事を言い渡されたメンバーは、自分の理解が不十分であることに気づいていない。期待されるアウトプットが正確に理解できないまま、自分勝手なイメージを頭に描いて仕事に着手する。この段階で確認しておくべきことは何か、自分は何がわからないのかといった点が、経験不足のせいで判断できないためである。

　慎重なメンバーはきちんと確認を試みるが、マネジャーに事

細かく質問するうちに「そんなこともわからないのか！」と叱られてしまう。それが度重なれば、疑問点を確認することなく、とりあえず仕事を受けとってしまう。そして、いつも手探り状態で仕事をスタートすることになる。

　この慣習が、職場全体でかなりのロスを生んでしまうことがわかるだろうか。**図表1-2-5**を見てもわかるように、若手スタッフだけでなく、先輩たちも予定外の時間とエネルギーを費やすことになる。それでも理解不足が解消されなければ、仕事のやり直しが繰り返されて、さらにロスは増大する。
　もしスタート時点で、メンバーが完璧といえるまで仕事の中身を理解していたら、このロスは間違いなく防げる。マネジャーが初期段階で手抜きしたことで、その何倍、何十倍にも相当する時間とエネルギーが空費されている。数時間の説明を怠ったがために、仕事のやり直しに数日間かけるといった事態は誰もが経験しているだろう。この事実に気づいていないマネジャーは、高いチーム成果を出すことはできない。

認識のズレがスケジュールの遅れを生む
　この慣習は、マネジャーとメンバーの間にある認識の大きなズレが引き起こしている。その背景にはもちろん「コミュニケーション不全」がある。
　マネジャーは、会議中に自分が説明した内容は、メンバーにしっかり伝わっていると思い込んでいる。メンバーの理解度を確認しながら会議を進めることはほとんどない。

メンバーは、マネジャーの説明が理解できなくても、その場で質問することはなく、自分が理解できた範囲を超えて述べることもない。不用意に質問すれば、自分の理解力が足りないことを示し、マネジャーから叱られる恐れもある。その場では、とりあえず理解できたような態度をとり、あとで調べるなり考えるなりしようと発言を控える。

　しかし仕事に着手してから、自分で考えても答えは出てこない。個人分業と個人依存の慣習が邪魔して、誰にも相談することができないまま、手探りで仕事を進めることになる。その結果、マネジャーが求める品質を満たさないアウトプットを提出することになり、手戻りが発生する。手戻りがたび重なると、そこで多くの時間が奪われる。遅れを取り戻すために残業時間が増えて、メンバーは疲弊した状態になる。

　このように、あいまいなスタートは問題・課題の解決がつねに後追い型になり、それが繰り返される。結果的にプロジェクト全体のリードタイムは延び、納期の遅れやコストの増大を引き起こす。

　マネジャーの多くは、早くスタートを切れば、プロジェクトは時間的に余裕ができて、進行もスムーズになると誤解している。この誤解が、初期段階に時間と労力をかけることへの抵抗感を生んでいる。

　ここで求められるのは、フロントローディングの発想である。初期段階に大切な検討を行うことに時間をかけると、プロジェクト全体の工数が減少する。特に問題・課題の解決を"前倒し"

できれば、スケジュール管理はかなり楽になる。技術の事前検討を徹底して問題・課題を洗い出し、先まわりして対策を打つという考え方である。

　私たちの経験からいうと、３大慣習が見られる職場はフロントローディングの意識が低く、プロジェクトの初期段階で手を抜くため、あとから問題が多発して火消しに追われてしまう。その段階になって準備不足に気づいても手遅れとなり、とにかく目の前の問題に対処することを迫られる。しかも、そうなった原因に目を向けないため、次のプロジェクトでもまた同じことが繰り返される。

　これらの３大慣習は互いにからみあい、環境変化に対応したマネジメントや正しい仕事のやり方を妨げている。
　チームの編成と業務分担の考え方を誤ると、「個人に仕事をつける」かたちになり、個人分業と個人依存の慣習に陥る。そして、コミュニケーションは悪くなり、互いに助けあうことがなくなり、チームワークが発揮できない。
　また、仕事の授受で情報共有が不完全になると、仕事はあいまいなスタートを切ることになる。この悪循環にいったんはまると、そこから脱け出すことは容易ではない。たとえひとつの慣習を改めても、他の慣習が残っているかぎり、後戻りする可能性が高い。

　これまで述べてきたように、現在の開発部門は激しい「環境

の変化」と「仕事のやり方の慣習」が絡みあい、悪循環状態に陥っている。悪循環の背景と原因をハッキリ認識する必要があるだろう。

　インパクト・メソッドでは、これらの慣習打破を同時並行で一気に進める。仕事のやり方をガラッとチェンジするという意味から、「ガラチェン」と呼んで強調している。

Another Point

あいまいなスタートのもうひとつの事例

　図表1-2-6の「ユニット出図遅れ事例」は、初めに仕事の詳細が共有されない弊害を端的に表している。絵の左端から見ていくと、まず日程の決め方は直感的で、細かく計算されていない。マネジャーの指示は実にあいまいで、担当者は理解ができず、事前の検討を命じられても中身がまったくわからない。先輩リーダーに相談すると「俺もわからんけん」と言われ、しか

図表 1 2 6　ユニット出図遅れ事例

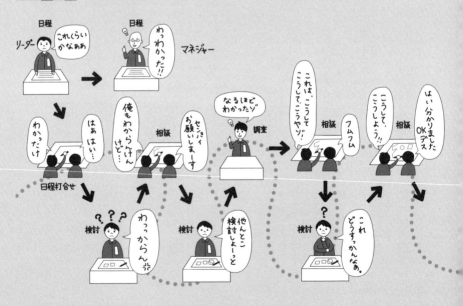

[第1章]現場の現実と経営

たなく別の課題を検討しはじめる。しばらくすると、先輩リーダーから先の課題についてアイデアがもらえる。ところが、そこで新たな課題が見えてきて、やり直しが連続的に発生する。その後、マネジャーが具体的な検討に入って、追加検討、方針変更が嵐のように起こる。やり直しの連続でトレーサーも不機嫌になる。最終的に出図はできるが、1週間の納期遅れである。

　この図を見て「うちの職場と同じだ」と感想を述べるマネジ

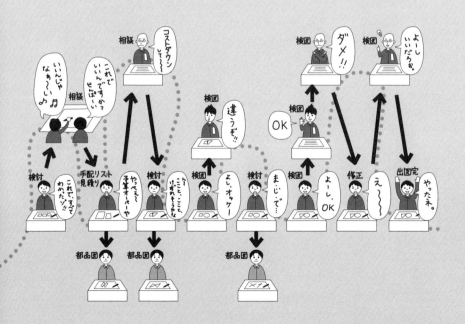

ャーやメンバーは多い。このように客観化されると、マネジャーが初期段階で計画の中身をしっかり検討していれば、無駄な時間、労力、コストをかける必要はなかったことがわかる。
　マネジャー、リーダー、担当者が仕事の目的や背景、目標、プロセスなどを共有し、途中で細かく確認することの重要さが見えてくる。この客観化による自己認識は、職場状況を絵に描く効用のひとつである。

1.3 好結果を生まない仕事のやり方

好結果を生まない職場とは？

　これまで見てきた3大慣習は、各メンバーの開発業務を停滞させ、プロジェクト全体に多くのロスを生んでいる。チームワークを阻害し、開発職場の空気も悪くする。つまり開発職場にとって、好結果を生まない価値観と仕事の進め方を蔓延させている。

　開発部門にとって「好結果」とは何か。その第一は、開発プロジェクトで高い成果を出すことである。開発業務が計画どおりに進み、大きなトラブルに見舞われることなく、完遂できることだと言い換えてもいい。

　「好結果」の第二は、高い成果を出す仕事を完遂する過程で個人と組織が成長することである。マネジャー、リーダー、メンバーが仕事を通して成長し、チーム全体もレベルアップする状態だといえる。

　このような、好結果を生む開発職場は、私たちの経験からいえば意外なほど少ない。むしろコンサルテーションを通して「好結果を生まない職場」を数多く見てきた。そのような開発職場は、慢性的にトラブルを抱え、計画どおりにプロジェクトが進むことなく、個人も組織も成長していない。

好結果を生まない開発職場は、目標とするQCD（Quality＝品質、Cost＝原価、販価、費用、Delivery＝納期）から見て共通の問題を抱えている。代表的なものを挙げてみよう。

① プロジェクトの初めに狙った技術目標水準に到達できない。
② 顧客からクレームを受けるなど品質問題が起こる。
③ 計画に比べ予算オーバーが多発する。
④ 納期遅れが日常化している。
⑤ 残業が続き、職場全体が疲弊している。など

　もしこれらの問題がひとつもない職場は、相当にマネジメント力が高いといえる。しかし現実には、ハードウェア、ソフトウェアの区別なく、トラブルが多発している開発部門がほとんどで、それは日本を代表する大企業も例外ではない。
　経営トップや技術担当役員は、開発職場に問題があることを認識している。マネジャー、リーダー、メンバーも「自分たちの職場はどこかおかしい」と感じながら働いている。
　そのような問題意識があれば、まだ職場革新が起こる可能性はある。しかし品質問題、納期遅れ、予算オーバー、高負荷残業などが目の前で起きているのに、その状況が問題視されないことがある。
　例えば部課長クラスでも、次のような考え方に陥っている人にしばしば出会う。
「うちの会社では長年そのようにプロジェクトを進めてきた」
「計画はとりあえずのもので、仕事は実際に進めてみないとわ

からない」
「納期遅れなどのトラブルが起きたとき、何とかしてみせるのが腕の見せどころ」

　たとえ経営者に問題意識があっても、開発現場にこのような考え方が蔓延していたら、問題はいつになっても解消されない。
　私たちは好結果を生まない職場には、次のような3つのタイプがあると考えている。

①納期に追われるなかで、突発業務やトラブルが頻発する「ドタバタ型」
②開発目標が達成できず、納期の引き延ばしが当たり前になっている「遅れ常態化型」
③高度な開発目標を達成できない、もしくは成果そのものが出せない「アウトプット出ず型」

　マネジャーにこの3タイプについて説明すると、「うちの職場はまさにこのタイプだ」とたいていどれかに該当するものである。それぞれの特徴を詳しく見ていこう。

仕事のやり方①ドタバタ型

　ドタバタ型は、私たちのコンサルテーションで、最も多く見受けられるタイプである。
　ここで、ドタバタ型の職場状況を描いた絵を紹介したい。インパクト・メソッドの活動で、ある会社の設計チームが、自分たちの職場状況を描いたものである。

私たちはこのような職場状況を表す絵を「マネジメント・スタイル図」と呼んでいる。

　図表1-3-1は「恐怖の風見鶏計画」というタイトルがつけられ、事業計画やプロジェクトの計画が、風見鶏のように定まらないことを意味している。この設計チームは個別受注型の製品を担当しているが、慢性的な高負荷、ベテラン技術者と若手の技術力ギャップ、トラブルの発生などで職場はつねに混乱していた。マネジャーとメンバーが疲れ切っていた典型的なドタバタ職場である。

　プロジェクトの始まりは、事業部長の「とにかくヤレ」とい

図表1-3-1　マネジメント・スタイル図（恐怖の風見鶏計画）

うひと言。個別受注生産のため、事業部長が顧客から注文を受けてくることが多々ある。たいてい他のプロジェクトが進行中であるから、同時並行で進めることになり、スタート時点ですでに人手不足はわかっている。しかし受注した以上は「やるしかない」と現場のスタッフは観念し、一応は「やろうよ」と前向きになって担当者の頭数をそろえる。納期は決まっているから、とにかく時間が惜しい。中身の詳細を詰めない"だろう計画"でプロジェクトを見切り発車する。

製品の仕様は設計をスタートさせ、"走りながら"の打ち合わせで決める。スケジュールの至るところで顧客から仕様変更が入り、開発スタッフは泊まり込みで仕事を進め、心身ともに休まる暇がない。

しかもこのチームは、キャリア構成がアンバランスで、ベテラン技術者と若手メンバーで構成されているので、「技量の壁」と「言葉の壁」が立ちはだかる。若手はベテランが話す言葉の意味さえ十分に理解できない状況である。

納期を迎えると「もう待てない、とりあえず出荷」と顧客に向けて出荷されるが、納入先で製品を立ち上げる最中、不具合が発生するなどトラブルに見舞われる。

取引先から「とにかくまとめろ、エースを出せ」という要請を受け、リカバリーに必要な高い技術力をもつベテランが投入される。この不具合対応は、費用に含まれていないので、余計なコストをかけてしまうことになる。

しかも新人を同行させる余裕はないから、いつもエース級のベテランだけで対応することになる。若手がトラブルシューテ

ィングの方法を学ぶ機会にもならない。

　さらに、ベテランが担当している他のプロジェクトはその間ストップし、社内計画はズタズタになる。どうにか対応して問題が解決しても、報告書が作成されることはなく、その貴重なノウハウはベテランが頭のなかに仕舞いこんで終わり。職場全体では、技術やノウハウの蓄積に結びつかない。

　この絵は、悲惨な職場状況を面白おかしく描いているが、その根底には「計画は計画、仕事は仕事」、「仕事は仕事、育成は育成」と区別する意識が垣間見られる。コミュニケーション不足、担当者任せ、負荷調整や優先順位づけの欠如など、マネジメント対応がない現実が潜んでいる。

　ドタバタ型の職場は、ビジネスの側面から見ると、仕事の手戻りやトラブルによるやり直しから余計なコストが増える。また、個人と組織の側面から見ると、目先の業務をこなすだけで手一杯となり、未来（将来）を考えられない人材と組織をつくってしまうことにもなる。

仕事のやり方②遅れ常態化型

　遅れ常態化型は、プロジェクトのスタート時に定めた納期がいつも守られない職場の状況である。

　図表1-3-2は、そのような職場のメンバーが描いたマネジメント・スタイル図である。この会社は世界シェアトップの機器を開発しており、ライバルメーカーがさまざまな対抗機種を出してくるため、全方位で対応しなければならない。そのためつ

ねに、非常に難易度の高い開発目標が設定されている。

　もし開発目標が達成されなければ、発売時期を延期して開発を続けることになる。発売のタイミングが1カ月遅れると、1億円の機会損失が生じる。タイトルの「△1億／月のサイクル」はそういう意味である。

　この職場では、実際に機器を使用するユーザーの情報が正確に届いておらず、代理店からの情報で製品を企画することもある。情報不足と企画力不足は顕著で、製品化の計画が場当たり的になっていた。

　プロジェクトはいつも無理と思われる開発日程が組まれ、あいまいなアウトプットイメージでスタートを切る。マネジャーがプロジェクトの担当者を考えるときは、仕事をやり切れるほど実力があるリーダーに限られていた。そうなれば、実力がある人に仕事が集中する。任されたリーダーは仕事を受けたものの高負荷状態で、十分な時間をかけた検討ができないまま、開発を進めることになる。

　その結果、不具合が発生して対応に追われる。やり直しや追加業務でさらに負荷は増え、日程が遅れていく。次のプロジェクトも影響を受けて、無理な開発日程を立てざるを得ない状況に陥る。

　チーム内の状態に目を向けると、各担当者は指示待ちの姿勢が定着していた。リーダーはこれまでマネジメントについて考えたことがなかったという。

図表 1 3 2 マネジメント・スタイル図（△1億／月のサイクル）

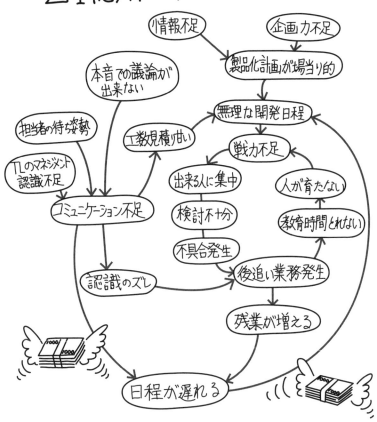

マネジャーはそのようなリーダー、メンバーと本音の議論はできないと感じていて、コミュニケーション不足となり、部下から業務のアウトプットが出てくると、自分がイメージしていたものとまったく違っていた。後出しジャンケンで改めて指示を出し、リーダーとメンバーはやり直すことになる。

このような遅れ常態化は、ビジネスの側面から見ると、機会損失による儲け損ないが大きい。個人と組織の成長から見ると、仕事の結果に責任をもとうとしない「他責」の意識がはびこる恐れがある。

仕事のやり方③アウトプット出ず型

アウトプット出ず型は、研究開発職場のなかでも、特に要素研究開発など長期的なテーマに取り組んでいる職場によく見られる。

大きな目標は決まっているが、最終的なアウトプットの形や納期など、プロジェクトの結果が明確に決められていない場合に起こりやすい。

図表1-3-3は、そうした研究開発職場のメンバーが描いたマネジメント・スタイル図で、「それ行け！迷パイロット」というタイトルがついている。業務を旅客機の操縦になぞらえ、結果を出せない職場の状況をうまく表現している。

飛行機の出発点は絵の右下で、「行先不明でとりあえず離陸」と書かれている。最終的なアウトプットの納期や途中のマイルストーンが決められないまま、プロジェクトはスタートを切る。

図表 1 3 3 マネジメント・スタイル図（それ行け！迷パイロット）

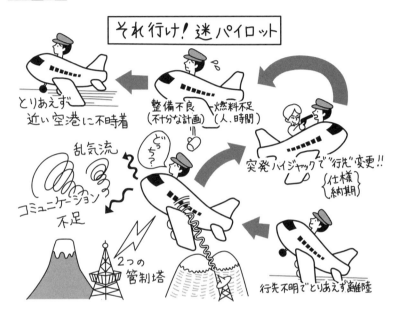

　パイロットである担当者はプロジェクトを指揮する管制官に「どっち？」と行き先を聞くが、管制塔として描かれた大御所ふたりからそれぞれ送られてくる指示が異なり、パイロットはますます混乱する。

　開発途中で、マイルストーンに設定されていたアウトプットの目標が高められたり、あるいはまったく異なる仕様に変更されたり、そのたびにやり直しが発生する。もともと人手不足と時間不足のうえに、プロジェクトの計画を綿密に組み立てない"整備不良"のままで出発したのだから、開発プロジェクトがうまく進むはずはない。

航路の最後となる図の左上を見ると、飛行機はとりあえず近い空港に不時着したが、これは期待された目標が実現されない状況で、高い成果が認められるアウトプットが出ないままの状況はいつものこと、というわけである。

　成果が出なければ、メンバーは達成感を得ることなく、日々の業務に忙殺されることになる。それに加えてプロジェクトの途中で仕様や納期がたびたび変更されると、より高いフラストレーションを感じることになる。
　アウトプット出ず型は、ビジネスの側面から見ると、かなりの額を投資しながら結果が出ない状況を生む。個人と組織の成長から見ると、目標へのコミットが低い人材と組織をつくる恐れがある。

3大慣習を生む誤った価値観と仕事の特性

仕事のやり方は何で決まるか？

 3大慣習が起こる原因として、開発部門を取り巻く環境の変化があることはすでに解説した。しかし3大慣習の原因は、それだけではない。ふたつめの原因として「人の価値観と仕事の特性」がある。

 人の価値観は体験と環境によってつくられる。ここでいう体験と環境には、生い立ちや受けてきた教育などさまざまな要素が含まれるが、仕事に費やす時間は人生の多くを占めることを考えると、開発部門を取り巻く内外の環境変化、そして職場状況が、働く人の価値観に与える影響はけっして小さなものではない。

 人は価値観に基づいて行動する。職場にはびこる悪しき慣習とは、間違った価値観に基づく仕事の進め方ともいえる。裏返せば、仕事の好結果は、正しい価値観に基づいた正しい仕事のやり方によって実現する。

 インパクト・メソッドでは、「仕事のやり方」は、以下の3つの要因を掛け算することで決まると考える。

①組織を預かる責任者（マネジャー、リーダー）の
　　仕事のやり方に対する「考え方・価値観」
　　　　　　　　　×
　②メンバーの仕事のやり方に対する「考え方・価値観」
　　　　　　　　　×
　　　③仕事の前提となる特性および状況
　（ビジネス内容、組織の規模や特徴、業務内容など）
　　　　　　　　　＝
　　　　　　　仕事の好結果

　組織を預かる責任者（マネジャー、リーダー）とメンバーが、ともに好結果を生む「考え方・価値観」をもたなければ、この掛け算は成立しない。さらに3つ目の要素として、仕事のやり方が開発業務の特性を踏まえていることが好結果に結びつく。
　特に、好結果を生む正しい価値観をチーム全体で共有することはきわめて重要であり、また難しいことでもある。
　例えばマネジャーが、チーム全体の負荷量を把握するために、各メンバーと具体的な仕事の中身を検討するとしよう。マネジャーが業務量をメンバーと検討するのは、過負荷や負荷の偏在によるプロジェクトの納期遅れを防ぐためである。
　開発業務は都度新たな目標に対し挑戦する業務であり、課題解決を考えぬく頭脳労働である。メンバーの頭の中、すなわち脳ミソの中身を見える化し、作業内容と負荷を把握できれば、マネジャーは優先順位づけや負荷調整などの手を打ち、納期を

守れるようになる。

　もし、このことに意義を見いだせないメンバーがいれば、自分の業務を把握されることを嫌がり、検討と共有を拒むか、偽った内容を申告するかもしれない。それによってマネジャーは、納期遅れを防ぐ効果的な対策が打てなくなる恐れがある。

　マネジャーとメンバーの全員が、「納期遅れは顧客からの信頼を失う」「納期遅れは無駄な金を使う」という価値観を共有していれば、どうだろうか。

　マネジャーが負荷量を把握することは重要であり、各メンバーが業務内容を共有するのは当然だと理解できる。マネジャーの行動からその意義を汲み取ることができれば、積極的に共有するようになるだろう。

　3大慣習の要因は、環境変化への対応遅れだけでなく、実はその根底には責任者とメンバーの誤った価値観が存在していることにもある。
「目標となる品質に到達しなくてもしかたない」、「納期遅れは当たり前」、「コストが増えるのはしかたがない」という価値観では、好結果を生み出すことはできない。好結果を生み出す「考え方・価値観」の共有は、チーム成果を最大化するうえで欠かせない要素である。

人の価値観①
組織を預かる責任者の誤った考え方・価値観

　実際の例をみていこう。

図表 1-4-1 マネジメント・スタイル図（塀の向こうの風見鶏）

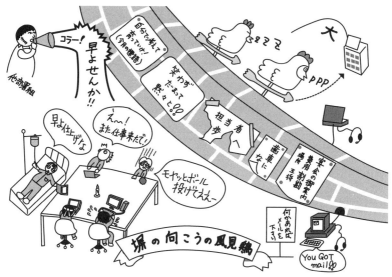

　図表1-4-1は「塀の向こうの風見鶏」と名づけられている。中央には分厚いレンガの塀があり、風見鶏に描かれたマネジャーがいるエリアと、メンバーが働いているエリアに分けられている。

　塀には「自分で考えて育っていけ！」「笑わずだまって黙々と!!」「担当者一歩前へ」（紙が破けて文字が欠けているが、問題が起こると担当者がいつも矢面に立たされることを表している）と書かれ、さらに「歯車になれ」という文字も見られる。

　塀の向こうにいるマネジャーは本社のほうを向き、現場の現実を見ようとしない。他部署の怖そうな部長から「早よせんか!!」とマネジャーに檄(げき)が飛ぶが、塀(はば)に阻まれてメンバーのいる

方向に指示がじかに飛んでくる。

この状況で、メンバーは必死に仕事を進めている。病院のベッドで点滴を受けながらも、仕事に取り組もうとするメンバーもいる。プレッシャーが非常に高い職場である。

しかしながらマネジャーとのコミュニケーションは、塀の向こう側と小さい穴でつながっているパソコンだけ。札に書かれた「何かあればメールを下さい」がいかにも素っ気ない。

この絵には、マネジャーの誤った価値観がいくつも見られる。塀の貼り紙にある標語、コミュニケーションの方法は、好結果を生み出す「考え方・価値観」から大きくかけ離れている。メンバーとの意思疎通は分厚い塀によって阻まれ、信頼関係を築ける状況ではない。

人の価値観②
メンバーの誤った考え方・価値観

メンバーのほうも、好結果を生まない「考え方・価値観」に縛られてしまうことがある。「誤ったQCDへの意識」はその代表だろう。

ビジネスでは、QCDはつねに重視しなくてはならない。しかし納期が厳しくドタバタ型になりやすい職場では、品質、コストより納期を重視するという誤った目標意識がよく見られる。

納期のみを重視するとどうなるか。まず、開発業務に欠かせない技術内容の事前検討があいまいになりやすい。そこに時間を割くのはもったいないと考えて、見切り発車で仕事に着手してしまうためだ。「あいまいなスタート」に陥り、その状態で

仕事を進めても、途中で問題が発覚し、手戻りが起こる。

しかし納期優先が大前提なので、それ以上の遅れは許されない。慎重に対処方法を検証することなく、仕事を進めるうちにまた問題が発覚し、やり直しを繰り返す。急げば急ぐほど、負のスパイラルに陥ることになる。

ある会社では「Ｄ（納期）命」という標語があって、納期厳守主義を物語っていたが、品質チェックが不十分なまま納品されるという常識外のトラブルが起こっていた。

メンバーが「与えられた仕事は個人で進めるもの」という誤った価値観に縛られているケースも実に多い。仕事の授受が「個人分業と個人依存」の形態になっていると、メンバーは「仕事はチームで進めるもの」という正しい価値観をもてなくなる。

仕事は本来、会社のものであり、個人はその一部を担当しているに過ぎない。責任感が強いのはいいことだが、「これは自分の仕事」と思い込むのは誤りである。

会社があり、経営があり、経営目標を実現するために組織があり、ミッションがある。チームでその目標を達成するために、各担当者に仕事が振り分けられる。このロジックがつながらないために、個の論理が優先されてしまうことがある。

例えば仕事の進め方などでいくつか選択肢がある場合に、「チームで成果を出す」という意識が弱いと、プロジェクト全体から見て最適な方法を選ぶことができない。

「こうしたほうが自分はやりやすい」、「自分の知識や技術では、

この方法しか見つからない」、「もっといい方法はあるだろうが、これ以上スケジュールが遅れたら自分の責任を問われることになる」と、狭い視野で個人の論理が優先されることがよくある。

　もし何人ものメンバーがそのような判断基準で仕事を進めれば、方向性がバラバラになってチームとしての生産性は低くなる。当然、組織の成長は阻害され、そのなかで働く個人の成長も期待できなくなる。

　メンバーの誤った価値観は、マネジャーの場合と同様にチームに悪影響をおよぼし、チームの好結果に思いがけないブレーキをかけることになる。各メンバーの価値観をつかみ、好結果を生み出す「考え方・価値観」へ教育するのも、マネジャーとリーダーの重要な役割だといえる。

開発業務の特性

　「仕事のやり方」を決める本質的な要因の第3は、「仕事の前提となる特性および状況」である。

　製造業における技術および製品開発は、アウトプットが過去のものとまったく同じということはない。プロジェクトの中身は毎回異なり、その状況に合った新しい仕事のやり方がつねに求められる。

　研究開発者は脳ミソをフル回転させて、技術の中身と仕事のやり方を考え抜かなくてはならないが、そのような頭脳労働は脳ミソのなかが見えにくく、他人には外から見ることができない。研究開発スタッフ、すなわち頭脳労働者の仕事は、次の3ステップで基本工程を進めていく。

①アウトプットを考える
②アウトプットをつくり込み、実際にアウトプットする
③アウトプットを評価する

　本来は、最初にアウトプットを考える段階がある。しかし従来の仕事のやり方では、ここでマネジャーからメンバーに一方向のコミュニケーションで仕事が伝えられることが多く、3大慣習で解説したように、マネジャーは業務の中身を正しく伝えたつもりになり、メンバーのほうも理解したつもりで仕事がスタートする。
　そこでマネジャーとメンバーがアウトプットイメージを深く共有できていることは少ない。
　次に、アウトプットをつくり込む段階になると、メンバーは各自で業務計画を立て、各自で作業を進める。アウトプットが出るまで、マネジャーが中身を確認することはない。その間は、業務の中身を考え、検討し、判断し、決断し、作業するというすべてのプロセスが個人の能力に委(ゆだ)ねられがちになる。
　そしてアウトプットが提出され、マネジャーが確認する。ここでマネジャーのアウトプットイメージと違うと評価された場合、メンバーに再検討とやり直しが指示される。このプロセスが繰り返されたら、納期遅れになる。まさに「コミュニケーション不全」「個人分業と個人依存」「あいまいなスタート」の3大慣習が起こっていることになる。

このように見ていくと、アウトプットを考える工程、アウトプットをつくり込む工程で、マネジャーとメンバーが互いにイメージを確認し、共有できるやり方や方法に変更しないと、3大慣習は断ち切れないことがわかる。

ここで、互いに頭のなかを「見える化」する必要が出てくる。具体的な方法は後述するが、アウトプットを考える工程では、アウトプットイメージを共有し、そこに到達するまでの技術やマネジメント上の課題を洗い出し、先回りして解決することが求められる。

その課題解決はメンバー任せにするのでなく、メンバーが上司、部下、仲間と一緒に考えることが重要になる。アウトプットを実現するための段取りと進め方を話しあう、マネジャーとメンバーが一緒に計画を立てる方法である。

アウトプットのつくり込み工程では、マネジャーは「見える化」を活用して進捗状況（遅れ、進み）や負荷などの職場状況を把握し、チームによる解決行動をリードしていくことになる。

第2章 慣習を打破し、仕事のやり方を変える革新活動

第1章では、開発職場を取り巻く外的環境と内的環境の変化、その変化対応ができていないことで起こる３大慣習を中心に解説した。好結果を生まない職場には「ドタバタ型」「遅れ常態化型」「アウトプット出ず型」とおもに３タイプがあり、３大慣習がその要因となっている。

さらにその根幹にはマネジャーやメンバーの誤った価値観、開発業務の特性を考慮しないマネジメントがあることを確認した。

この第２章では、３大慣習を打破して、仕事のやり方を抜本的に変える革新活動について解説する。インパクト・メソッドで「３つの革新」と呼ぶ考え方と活動である。

2-1 インパクト・メソッドで実現したいこと

　ここで「3つの革新」について解説する前に、インパクト・メソッドの活動を通して実現したい職場状況を明らかにしておきたい。

　前章で開発部門の「好結果」について、第一に開発プロジェクトが計画どおり遂行されること、第二に個人と組織が成長することだと述べた。インパクト・メソッドの活動は、このふたつを同時実現することが目的である。

　プロジェクトの成功と人と組織の成長の両立が、経営または事業から考えれば、継続的に会社としての好結果を出し続けることができると考えている。

　従って、インパクト・メソッドでは、個人と組織の成長を単なるプロジェクト成功の手段だけとは考えていない。個人と組織の成長がプロジェクト成功のためだけにあるのならば、人も組織も活性化しない。そしてそれは、本当の意味で"人に光を当てたマネジメント革新"の活動にはならない。

　インパクト・メソッドでは「成長」を次のように定義している。

①従来以上の能力を身につけること

②仕事やマネジメントの正しい価値観を身につけること

「ビジネスにおける成長」というのは、一般に仕事のスキルやマネジメントのスキルが高まること、すなわち能力を身につけることを指している。インパクト・メソッドでは、さらに正しい価値観の習得を加えている。

　第1章で経営環境の変化について述べたが、いまだかつて経験したことのない環境変化に対応するためには、仕事のやり方やマネジメントの仕方の正しい価値観が必要である。正しい価値観とは今の時代に合った環境変化に対応できる価値観である
　仕事やマネジメントの価値観が正しくなければ、どれだけスキルアップに努めても、最終的に誤った方向に進む恐れがある。そこに費やされるエネルギーのロスは大きく、本人にとっても組織にとっても、取り返しのつかないマイナスとなる。むしろ、正しい価値観を身につけてから、仕事やマネジメントのスキルを高めるほうが成長スピードは速くなる。
　そして、能力や価値観を身につけることは個人のやりがいや意欲にもつながってくる。一人ひとりのやりがいや意欲が高まれば人も組織も活性化し、最大限の力を発揮するようになる。インパクト・メソッドが業務成果と成長の同時実現をめざすのはそのためである。

[第2章]慣習を打破し、仕事のやり方を変える革新活動

図表 2-1-1 インパクト・メソッドの「成長」の定義

一般的な「成長」

①従来以上の能力を身につけること

一般的に「ビジネスにおける成長」は、仕事のスキルやマネジメントのスキル、すなわち能力が高まることを指していることがほとんど。

インパクト・メソッドは、「正しい価値観」を重視する

②仕事やマネジメントの正しい価値観を身につけること

どれだけスキルアップに努めても、正しい価値観がないと誤った方向に進む恐れがある。正しい価値観を身につけてから、仕事やマネジメントのスキルを高めるほうが成長スピードは速い。

インパクト・メソッドの「成長」

2-2 3つの革新とは

　3大慣習の「コミュニケーション不全」「個人分業と個人依存」「あいまいなスタート」を打破するためには、部分的な改善活動ではなく、仕事のやり方を抜本的に変えることが必要となる。
　好結果を生まない「ドタバタ型」「遅れ常態化型」「アウトプット出ず型」は構造問題であり、対処療法的な解決策は、私たちが知る限りほとんどが失敗に終わる。チームの状態や仕事の進め方を構造的に革新するアプローチでなければ、高い成果は期待できない。
　インパクト・メソッドでは、職場のマネジメント状況を判断する着眼点には次の3点があると考える。

①コミュニケーション
②問題・課題解決
③チームワーク

　この3点は、いわば好結果を生むマネジメントのツボであり、革新活動ではつねにチェックしていくポイントなる。それぞれの革新について詳しく見ていくことにしよう。

3つの革新①
コミュニケーション革新

　組織をマネジメントするうえで、コミュニケーションはその入り口であり、状況や情報の共有を抜きにしてマネジメントを語ることはできない。

　しかし多くの職場で、コミュニケーション不足は問題視されている。職場ではマネジャー、リーダー、メンバーがいつも顔を合わせているにもかかわらず、「コミュニケーション不全」は起こる。職場のコミュニケーション不全は"万病の元"であって、あらゆるマネジメント問題を引き起こす元凶となりかねない。

　職場内には会議、文書、メールなどのさまざまなコミュニケーションが見られる。そのなかで私たちがフォーカスするのは、「仕事の段取り（準備）を進めるためのコミュニケーション」である。そのように範囲を限定しているのは、日常的な挨拶や雑談が盛んでも、仕事の段取りについては仕事の状況そのものが、深く共有されない職場があるためだ。

　コミュニケーション革新のキーワードをあげると以下のとおりである。

①コミュニケーションの"超"活発化
②FACE to FACE、双方向、ワイガヤ、オープンマインド

③未来を考え抜くコミュニケーション
④互いの頭の中身を見せる、「見える化」コミュニケーション
⑤脳ミソフル回転、考え抜く段取りコミュニケーション

　これらは従来、マネジメントとして具体的に語られることのなかったコミュニケーションの考え方なので、具体的に解説していきたい。

①コミュニケーションの"超"活発化
　職場のコミュニケーション不全を解消するには、ミーティングの進め方を目的に合わせ見直す必要がある。一般的な会議は、マネジャーが一方的に話す"ワンマンショー型"や、メンバーの業務が予定どおり進んでいるかを確認する"過去追及型"になりやすい。
　インパクト・メソッドではその反対に、参加者全員が積極的に発言し、プロジェクトの未来を予測する状況へと革新する。これが「段取りコミュニケーション」（以下「段コミ」）である。
　段コミは「段取り」と「コミュニケーション」を合わせた造語だが、「段取り」を辞書で引くと「物事を段階的に進めていく手順。また、その準備」と説明されている。つまり、段コミとは、仕事の手順を決め、その準備を進めるコミュニケーションであり、「チームで進める計画行為」と言い換えることができる。
　段コミによる「コミュニケーションの"超"活発化」は、仕事にかかわる密度の濃い情報共有を実現し、マネジメントを成功

[第2章]慣習を打破し、仕事のやり方を変える革新活動

図表2 3 1「段コミ」によるコミュニケーション"超"活発化のステップ

| STEP1 | マネジャーとリーダーで「段コミ」で共有、検討すべき内容を議論する。その際にマネジャーは、課題認識と何を「見える化」してほしいかをリーダーに伝える |

| STEP2 | リーダーはマネジャーとの打ち合わせに基づき、「見える化」に必要な資料やボードを段コミに向けて準備する |

| STEP3 | リーダーは共有、検討すべき内容をメンバーに伝え、段コミをスタートする。例えばプロジェクトのスタート時であれば、背景、目的、目標、大課題の共有、進行中のプロジェクトであれば問題・課題と方針、対策、検討事項などの共有である |

| STEP4 | リーダーとメンバーで検討事項について模造紙と付箋紙を活用しながらワイガヤで議論し、問題・課題への対応や具体的行動を明確化し、見える化する。マネジャーに判断をあおぐ内容も見える化する |

| STEP5 | マネジャーはチームを回りながら必要なことに対して判断や方針を出し、チーム全員で共有する。 |

一般的な会議と異なり、メンバー全員が納得感をもって情報を共有するため、全員の知恵が活かされ、課題に対して事前に手を打つことが可能になる！

に導く入り口だと私たちは考えている。

　基本的な進め方を説明しよう。段コミは、マネジャー、リーダー、メンバーの全員が参加する。最近では派遣社員が参加する職場も多い。
　まず、リーダーが企画書や目標仕様、製品イメージ、また開発を進めていく大工程（大日程）表を模造紙に貼り出したり書き出したりしながら、プロジェクトの背景、目的、目標（アウトプット）などを詳細に説明していく。メンバーはその説明から業務内容を理解し、疑問点はその場で質問確認し、自分の担当業務でなくても、アイデアや意見があれば発言していく。
　マネジャーは、途中で何度も全員の理解度を確認しながら、問題・課題解決の方針を出して意見を求める。こうして全員の理解を深め、プロジェクトの進め方やアウトプットイメージを共有していく。
　段コミは一般的な会議に比べて、時間あたりのコミュニケーション効率が高い。ただ情報が伝達されるのでなく、メンバー全員が納得感をもって情報を共有するところに大きな違いがある。この情報共有がベースとなり、全員の知恵が活かされ、未来に起こるトラブルに対して事前に手を打つことが可能になる。

②FACE to FACE、双方向、ワイガヤ、オープンマインド
　段コミは、メンバー全員が顔と顔を突きあわせること（Face to Face）が基本となる。この計画行為は、問題・課題が見つかればその場で意見を出しあい、討議することを前提としてい

る。

　マネジャーもメンバーも遠慮なく意見を述べあい、ワイワイガヤガヤと騒々しいくらいに活性化することが望ましい。相手がたとえ上司でも、話の内容が理解できなければ正直にわからないと伝え、相手の意見が間違っていると思えば、納得できるまで意見を述べていく。

　相手の反感を買うことを恐れず、密度の濃いコミュニケーションを徹底するためには、オープンマインドが不可欠なことはいうまでもない。マネジャーからの一方的な伝達や報告とは根本的にマインドが異なる。

　段コミはスケジュールに組み入れ、定例化させて継続的に実施していく。インパクト・メソッドでは、1週間に3時間以上の実施をガイドラインとしている。

　段コミでは、FACE to FACE、双方向、ワイガヤ、オープン

マインドを意識して進める。本物のコミュニケーションは、ただの情報伝達や情報共有ではない。その時間と空間を共有し、互いの表情や話し方から言葉以上の情報を受け取り、考えを深めることに意味がある。つまり、五感や皮膚感覚で受け取る情報も含めた共有である。

したがってインパクト・メソッドでは、計画にかかわる重要な情報が、eメールやITツールだけで伝達されることは原則的にない。

③未来を考え抜くコミュニケーション

会議でいくら結果確認と原因追及に取り組んでも、"あとの祭り"である。その点、段コミでは徹底した未来志向を原則と

している。それは「未来を考え抜くコミュニケーション」である。

　過去は変えられないが、未来はつくることができる。願望は具体的であるほど実現するといわれるが、これは開発プロジェクトにも当てはまる。過去にない製品の開発は、不確定要素が多く、アウトプットがぼんやりしている。そのままスタートを切れば、「あいまいなスタート」となる。

　しかしマネジャーやリーダーが、アウトプットについてまったく見当がつかないということはない。例えば、それは製品の完成イメージ、図面のイメージ、実験報告書のグラフなどモノにかかわる場合もあれば、性能やコストなど数値の場合もある。あるいは、組織の成長イメージなど定性的な場合もあるだろう。その漠然としたアウトプットイメージを考え抜き、ポンチ絵などに描いて共有するのである。

　例えば、２カ月先に出図するという目標の場合、模造紙に図面のイメージを書き出して、マネジャー、リーダー、メンバーでより具体的な細部を考える。目標到達に向けての課題も洗い出し、解決方法を考える。

　つまり、結果を保証するためにすべきことを徹底的に突き詰める。それによって「未来を考え抜くコミュニケーション」が可能になる。

④互いの頭の中身を見せる、「見える化」コミュニケーション

　開発の仕事は頭脳労働であり、マネジャーやメンバーが考えている脳ミソのなかは外からは見えにくい。そのため、ポンチ

絵などを使って見える化する必要がある。

　頭のなかを見える化するとは、思考イメージを描き出すことである。絵や図、ポンチ絵は一目瞭然で、文字で説明するよりもイメージが瞬時に伝わる。

　絵で表しにくいことは言葉で説明することになるが、その場合も、例えばマネジャーが思考イメージを話し、別の人が付箋紙に書き留めて模造紙に貼り出す。これがインパクト・メソッドでいう、見える化の基本である。

　模造紙と付箋紙を用いて、ポンチ絵や手書き文字を貼り出していくという原始的な方法だが、その模造紙を囲んで議論するとお互いの頭のなかにあるイメージが実によくわかる。

　最近のミーティングはプロジェクターにパソコンから資料を

投影して説明するスタイルが多い。しかしこれは説明する人、聞く人に分かれてしまい、プロジェクターの資料が矢継ぎ早に替わると深い議論にならない。たとえ議論ができても、論点や結論が不明瞭になる。

　見える化とは、自分の頭のなかにあるイメージを表に出し、共有すべき相手にとことん見せるという目的意識がないとうまくいかない。「徹底的に頭の中を見せあう」という姿勢が、中身の濃い議論の出発点になる。

⑤脳ミソフル回転、考え抜く段取りコミュニケーション
　段コミは、未来志向で全員の知恵を結集させるところに、他のコミュニケーションにはない強みがある。しかし、プロジェ

クトの未来をイメージしてポンチ絵などに描き、細部までシミュレーションするのは、かなりの頭脳労働である。

初めて経験する人は、未来のイメージを描くことも、ポンチ絵に描くこともうまくできない。他人のイメージについて議論することさえ、思うようにいかない。

実際、この活動を始めたばかりのマネジャーは「本気で段コミするとヘトヘトになる」と感想をもらすことが多い。それまで、他人に思考イメージを伝えることや、未来志向のコミュニケーションができていなかった証拠である。

そのように、とことん考え抜く状況を「脳ミソフル回転」と呼んでいる。参加メンバーがそこまで考え抜かないと、全員の知恵を集結することは難しい。慣れてくれば、段コミの効果と面白さがわかってくるが、そこまで到達するのには数カ月かかることも珍しくない。

Another Point

コミュニケーションの原風景

　かつてCADが普及する以前の開発職場では、設計者はドラフター（製図用に特化された専用台）に向かって、図面を手描きしていた。製図板は畳1枚ほどの大きさがあり、マネジャーはメンバーの作業内容をいつでも見ることができた。

　先輩は、後輩の仕事に平気で口を出すのが、職場のありふれた風景だった。

　他人の設計は欠点がよく見える。何か問題を見つけて「ここはちょっとおかしくないですか？」とその場で本人に伝えることができた。反対に、自分が設計のアイデアに詰まると、先輩や同僚の図面をのぞきに行って、ヒントをもらうこともあった。

　同僚と図面の前で「こういう方法はどうか」と検討していると、自然に周りに人が集まってきた。ベテランも新人も頭を寄せあい、ひとつの図面を眺めながら意見を出しあう。そのうちに、誰かが解決策を見つけ、全員がスッキリとした気持ちになる。若手社員には刺激的で勉強になる場面だった。

　当時の開発職場では、自分の仕事は誰かに見られているという意識がつねにあった。オープンな環境で仕事を進めるなかで、客観的な評価を下す目と、素直に聞く耳が自然と備わっていたのである。

　その時代は、開発職場がオープンだったので、他部署の人が

設計検討の状況を見にくることも珍しくなかった。次工程の生産技術部や製造部から、担当者が設計中の図面を見にくることもあった。進捗状況や仕上がりイメージを早めにキャッチするためだ。そこでの意見交換は、製品に対する考え方の擦りあわせにもなっていた。

　マネジャーは席を外すときにドラフターの間を通りながら、作業中の図面をそれとなく眺めていく。手が止まっているメンバーがいれば、「午前中からちっとも進んでいないがどうした？」と声をかけた。メンバーが悩んでいる点を話し、マネジャーが「こうしたらどうだ？」とアドバイスをする光景は、日常的に見られた。

　そのような日常のコミュニケーションを通して、マネジャーは担当者ごとに仕事の進捗を把握し、問題が起こりそうだとわかれば早めに手を打つことができた。メンバーにとっては、それが実務を通じた教育訓練になっていた。現在の言葉でいえば「OJT」である。

　先輩や同僚に相談してアドバイスをもらうことに抵抗感や遠慮はなく、ひとりで何時間も考え込むより、客観的な意見を聞いたほうが早く解決する、というのが共通認識だった。相手の仕事を一時的に邪魔することになっても、職場全体の作業効率はそのほうが高い。それも共通認識だったので、「相談するの

図表 2 3 2 コミュニケーション手段の過去と現在

過去

- 職場で、先輩が後輩の仕事に口を出し、後輩が先輩にアドバイスをもらうのは日常的だった
  ⇒若手社員は学ぶ機会が多かった
- 職場の外では「飲みニケーション」も盛んだった
  ⇒マネジャーとメンバーが相互理解する場となり、仕事に役立つ情報交換の場となっていた

ITの発達で、コミュニケーション手段に大きな変化が起きた

現在

- 職場内のコミュニケーション手段の代表的なものがメールなど、ITによるものになった
  ⇒送信者は受信者が「読んでいる」と思っているが、実際には受信者が読んでおらず、伝わっていないことも……

メールを送ったことが本当の情報共有といえるだろうか？

メールで送った場合と直接説明されるのではどちらが理解度が深いだろうか？

もされるのも仕事のうち」が暗黙の了解となっていた。
　その一方で、職場の外でもコミュニケーションは活発だった。業務終了後の飲み会、いわゆる「飲みニケーション」も盛んだったから、お互いの性格やモチベーションの方向を理解していた。すべてのマネジャーがそうだったとはいえないが、特に意識しなくても仕事に必要なコミュニケーションは自然にとれていた。
　メンバーもお互いの業務内容を把握し、仕事に役立つ情報を自然な形で交換していた。それが当たり前という雰囲気が、当時の職場には定着していた。

　そのようなコミュニケーションの原風景が意味するものは何か。当時を知らない世代にはイメージしにくいかもしれないが、これらの話からコミュニケーションの本質について考えることはできるだろう。
　いまは職場内のコミュニケーション手段といえば、代表的なものはメールである。1日に何百通ものメールが届く開発マネジャーは珍しくない。送信者は、メールは読んでもらえるもの、これで情報共有ができたと考えている。
　本当に困って上司に相談したくても、たいてい席にいない。ミーティングは情報伝達、状況確認、結果確認に終始する。なかにはいつミーティングを開いたかもわからない職場さえある。

コミュニケーションの原風景では、上司、部下、同僚が本音で何でも言いあえる環境があり、先輩と後輩が図面を囲んで頭を寄せあい、議論しあう姿もあった。次工程との日常的な情報交換も見られた。
　現在のメール文化に慣れ親しんだ人は、「メールで情報共有すれば仕事は進むから問題ない」と考える。そこには「コミュニケーション＝情報共有」という誤解がある。しかも、メールで共有できるのは情報のごく一部に過ぎない。
　実際のプロジェクトで新しい製品を開発するとき、本当に必要な情報をメールで伝えるとしたら膨大な分量になるだろう。例えばプロジェクトのスタート時には、開発の背景、目的、目標を共有する必要がある。それがメールで届いた場合と、マネジャーがメンバーを集めて説明する場合を想像してみればわかる。
　ビジネス環境や社内状況の受け止め方、マネジャー自身の危機感などを伝えたうえで「だから、この目標で開発する」と方針が示されたら、メンバーの納得度は高いはずである。そこには文章では伝わらない情報がある。全体の状況観や認識、思いや感情、意思、決意などが含まれている。
　本物のコミュニケーションが、五感や皮膚感覚を通して膨大な情報を伝達するという意味はそこにある。言語化や図式化をできない情報が、大部分を占めるからである。

2-4 3つの革新②
問題・課題解決革新

　開発プロジェクトは進行中に多くの問題・課題に直面する。本題に入る前に、プロジェクトに生じる問題と課題について、その違いを整理しておこう。

　私たちが呼ぶ「問題」とは、プロジェクトの進捗、チーム状態、個人の働き方などが、目標や管理の水準から逸脱し、何らかの悪い状況が現われている状態を指している。

　一方、「課題」とは、プロジェクトが進むことでいつか発生が予想される、問題を指す。

　例えば、月間の残業時間に上限がある職場で、Aさんは今月の残業時間がすでに上限をオーバーしているとする。これは管理水準からの逸脱がすでに顕在化しているので「問題」である。

　もし2カ月後に業務量が増えることが予想され、目標とする残業30時間以内に収まらないとすれば、現時点ではまだ問題ではなく「課題」である。つまり課題とは、未来の目標に対して起こりうる問題ということになる。

　問題・課題解決で大切なことは、目標と現状をしっかりと認識し、そのギャップを知ることである。目標には、プロジェクトの目標もあれば、組織マネジメントの目標もある。実現したい好結果やありたい姿である。

　その一方で、現実の状況に目を向けると、目標（好結果）を

図表 2-4-1 インパクト・メソッドにおける「問題」と「課題」

インパクト・メソッドにおける

「問題」とは？
プロジェクトの進捗、チーム状態、個人の働き方などが、目標や管理の水準から逸脱し、何らかの悪い状況が現われている状態のこと。

「課題」とは？
プロジェクトが進むことでいつか発生が予想される「問題」を指す。つまり、未来の目標に対して起こりうる問題のこと。

実現するために、現状から目標に向けた階段を上がっていかなければならない。しかし目標があいまいであったり、現状認識が誤っていたりすれば、階段を上がっていくことはできない。そのため「あいまいなスタート」は、目標を実現できる保証がない。3000メートル級の山を登るのに何の装備もなく登りはじめるのと同じである。

目標共有と現状認識の共有は、マネジャー、リーダー、メンバーが「この目標を達成するためにはどうすべきか」と考えることである。それにより、技術やマネジメントに関する問題・課題が超具体化されて解決行動に移ることができる。

計画をシステム化し未来を見る

あらゆるプロジェクトは先に計画があってスタートを切るが、その計画どおりに進めることは至難の業である。「これまで計画どおりに完了したプロジェクトはない」という開発マネジャ

ーもいる。プロジェクトのほとんどが計画どおりに進まないとすれば、その原因は計画精度の低さにあると考えていい。

　3大慣習の「あいまいなスタート」は、アウトプットが不明確な状況で仕事に着手し、あとでやり直しが頻発する職場状況だと説明した。しかし、開発業務であいまいになりやすいのは、アウトプットだけではない。計画のなかに、業務遂行を阻(はば)む問題・課題が数多く潜んでいる。

　プロジェクトの計画と聞いて、すぐに思い浮ぶのはガントチャート（線表計画）だろう。左側に業務名が縦に並び、右側の日程表に実施期間が線を引いて示されたものである。ガントチャートは、業務の順番とおおよその実施期間を把握することには利用できる。インパクト・メソッドでもマスタープランなどで利用するが、業務の中身まで表すことはできない。

　マネジャーがガントチャートを描く場合、業務の中身はある程度イメージできているだろう。そうでなければ、業務の順序や所要日数を決めることはできない。しかし漠然としたイメージだから、その見積りが誤っている場合もある。ガントチャートには、計画を立てた人の思考イメージや脳ミソの中身までは表れない。

　製品や図面のアウトプットイメージ、それを実現するための技術課題やマネジメント課題、具体的な業務の進め方や作業内容などは、頭のなかに仕舞いこまれたままである。

　ベテラン社員ならガントチャートを見るだけで、開発プロセスや業務の中身がおおよそイメージできるだろう。しかし、経

験が少ないメンバーや指示待ち姿勢のメンバーは、何のイメージもなく目の前の作業に着手することになりかねない。つまり、業務そのものは個人依存になり、各担当者の力量に頼ることになる。

マネジャーは問題が起こるまでそのことに気づかなかったり、担当者が問題を抱え込んでしまったりする。そのような状況を防ぐ問題・課題解決の革新は「計画の見える化」が鍵となる。

計画は「結果を保証する」

プロジェクトの計画は、初めにふたつのポイントを押えておく必要がある。

①プロジェクトの背景、目的、目標

このテーマになぜ取り組むのか、ビジネスの背景、狙い、目的やプロジェクトの目標は何か。

②テーマ推進上の大課題

①の目標を達成するために挑戦しなければならない、大きな課題は何か。

この基本方針は、プロジェクトの進行と最終アウトプットの質に大きく影響する。プロジェクトリーダーはこの2点を明確に定め、チーム内での共有を徹底しなくてはならない。マネジャーは、プロジェクトリーダーの方針検討をしっかりサポートしていく。

ここでマネジャーに求められるものは、「計画は上司と部下が一緒につくるもの」という価値観である。それは「上司と部下で思考過程を共有する」という意味である。

　インパクト・メソッドでは、計画とは「結果を保証するために未来を予測する行為」だと考える。
　アウトプットの質は、課題を先読みして、事前に解決策を準備することで保証できる。しかし、その課題解決にかける作業量が明確でなければ、納期どおりにアウトプットが出せなくなる。つまり、質の保証と量の保証というふたつを両立させなくてはならない。
　結果を保証するためには、不確定要因はできるだけ潰しておく必要がある。プロジェクトの計画が、結果を保証するために未来を予測する行為という意味はそこにある。
　裏返せば、課題解決の手を事前に打てなければ、プロジェクトの好結果を保証することはできない。マネジャーはこの結果保証のために、リーダーシップを発揮することが求められる。

　ガントチャートと結果確認の会議だけでは、開発業務を阻む問題・課題は見えてこない。ガントチャートでは業務の質と量が示されないため、問題が潜在化しやすい。また、結果確認や事後報告の会議も、担当者が問題を抱え込んでしまう恐れがある。どちらも問題が表面化したときには、大火事になってとにかく火消しにまわるという状況になってしまう。
　マネジャーのなかには「何かあったらメールください」が口

図表 2 4 2 「事前課題解決」と「事後問題解決」の違い

■事前課題解決型

- アウトプットイメージが明確で、チーム内で共有されている
- 起こると予想される課題を事前に抽出して手を打つ
- QCDの目標を設定して、目標達成のための施策に取り組みながら進行

トラブルの原因を事前に解決することにより、
一定の負荷量をキープしたまま順調にプロジェクトを完遂

未来に起こりうる問題を
先回りして解決するのが
マネジャーの仕事！

■事後問題解決型

- アウトプットイメージが不明確で、チーム内で共有されていない
- 問題が発生してから手を打つ
- 納期どおりをめざすが、成り行きで進行

頻発するトラブルによって納期間際に負荷がピークに達する。
人員を投入するなどして火消しに奔走することになる

癖で、問題が起きれば自分が解決するという姿勢の人がいる。しかし"事後問題解決"が当たり前だと考えているなら、すぐに改めてほしい。マネジャーの役割は"事前課題解決"であり、未来に起こりうる問題を先まわりして解決しなければ、目標は達成されないからだ。

状況の共有で解決を前倒しする

　計画の見える化では、メンバーが進めている業務の中身がわかるように「大日程ボード」「技術バラシボード」「突発ボード」などのいくつもの見える化ボードを使う。
「個人分業と個人依存」の慣習がある職場は、担当者がパソコンのなかで業務を進め、マネジャーに詳細が見えない状態になってしまうが、インパクト・メソッドでは見える化ボードにすべてが表れる。最終的な仕上がりイメージ、現在の進捗状況、課題とその対応策まで誰の目にも明らかになる。特定の業務だけでなく、ベテランから新人まですべてのメンバーが担当する仕事がわかる仕組みになっている。
　マネジャーは見える化ボードを見れば、担当者にいちいち進捗状況を尋ねる必要もない。いま誰と誰が仕事でトラブルを抱え、それがどの程度の大きさであるかもわかる。そのように職場全体の業務を把握し、先手先手で対処していくのが、見える化の効用である。

　ベテラン社員にとっては、自分が考える仕事の進め方が、プロジェクトの進行にとって最適かどうかを検証する機会になる。

手順を説明したとき、他のメンバーから盲点を突かれてミスを回避することもある。

　ベテラン社員のなかには、知識や経験が豊富で助言や手助けがなくても業務をこなせるため、組織で動くことに価値を見出せない人も多い。しかし、見える化を通して自分がチームに果たすべき役割や、個人で動く前にチームで動くという「知力団体戦」の価値観に気づかせることを期待できる。

　さらに、見える化ボードの作成は、業務経験が豊かなマネジャーやベテラン社員の脳ミソを自然とフル回転させる。

「現状のまま進んでいくと、何が起こるのか」
「その課題に対処する方法はあるのか」
「いまから何を準備しておけばいいのか」
「それは誰が、どのように進めればいいのか」

　このように未来の仕事をシミュレートし、チームで議論を重ねたうえで、見える化ボードの中身は決まっていく。

　マネジャーやベテラン社員の脳ミソの中に眠っているノウハウは、見える化ボードを作成する過程で引き出され、全メンバーに共有されていく。新人や若手社員、あるいは派遣社員にとってもこれほど価値のあるOJTはないだろう。

25 3つの革新③
チームワーク革新

「個人戦」の弊害

　第3の革新は、職場の「個人分業と個人依存」を解消し、チーム全員が協力してプロジェクトを成功させていく取り組みである。
「個人分業と個人依存」の慣習に陥った職場は、担当者が個別に業務を進め、お互いに協力しあう状態が生まれにくい。組織でありながら、仕事のやり方は組織的ではなく、各担当者にとってプロジェクトは初めから終わりまで「個人戦」として続く。プロジェクト全体が見えないまま、それぞれ自分ひとりで問題に対処しなくてはならない。
「(ひとりの) 人に仕事をつける」型の業務分担は、担当者の負担が大きく、いくつもの悪弊をもたらす。代表的なところでは、孤独感、指示待ち姿勢、仕事の抱え込み、勝手解釈、一匹狼化などがある。
　このような職場では、現場の担当者だけでなく、マネジャーも誤った仕事の価値観で動いている場合が多い。マネジャー層も個人商店化しているのである。
　部長は課長に仕事を指示伝達し、課長は現場のリーダーに指示伝達する。リーダーは仕事の結果を課長に報告し、課長はその報告を部長にする。

[第2章]慣習を打破し、仕事のやり方を変える革新活動

図表 2 5 1 「個人戦型」の職場と「知力団体戦型」の職場の違い

■「個人戦型」の職場 ◁ 誤った価値観

- 担当者が個別に業務を遂行
 ⇒**職場内での連携がなく、組織でありながら、組織的な動きが乏しい**
- 各メンバー、マネジャーの負担が過大になることが多い
 ⇒**メンバー、マネジャーともに孤独感、指示待ち姿勢、仕事の抱え込み、勝手解釈、一匹狼化などの弊害が起こりやすい**

「チームワーク革新」によって
「知力団体戦型」の組織に!

■「知力団体戦型」の職場 ◁ 正しい価値観

- 仕事に複数の人をつける
 ⇒**状況や情報を複数の人で共有し、組織的に仕事が行われる**
- 複数の人で仕事を行うため、負担が分散される
 ⇒**「個人で計画、個人で実行」が生むリスクが少なくなる**

マネジャーとメンバー全員による「未来を見る計画」が加わることで、「知力団体戦」型の組織になる

マネジャー層のミーティングは、知恵を出しあう場になっていない。上からの指示伝達、下からの報告というだけである。
　このようにマネジャーも、業務はそれぞれの個人戦で進んでいく。各ポジションの役割が正しく果たされていないため、マネジャー層がチームとして機能していない状態である。

　インパクト・メソッドでは、そのような個人戦の集まりから、「知力団体戦」を進める職場へと革新する。組織と呼ぶにふさわしい、メンバー全員による組織立った仕事のやり方を実現するのが、チームワーク革新である。
　チームワーク革新が進んだ職場は、目標の明確化と問題・課題解決のレベルが高い。各層で、未来を先取りした"事前課題解決"の取り組みが実現されていく。
　課長とメンバーがプロジェクトの優先課題を解決していくように、部長と課長は中長期的な挑戦課題に取り組めるようになる。技術担当役員と部長は、技術分野から経営課題を見つけだし、明確な方針を立てることができるようになる。
　マネジャー層が知力団体戦型に変わると、各層の役割が発揮されるようになり、それぞれのリーダーシップが正しく発揮されるようになる。マネジャー層がチームとして機能するわけである。

仕事はすべて組織で取り組むもの

　仕事の分担が「個人に仕事をつける」型では、新人や若手はまだ仕事に自信がもてないため、コミュニケーションが遠慮が

ちになる。さらに、自発性に欠けると孤独感を味わい、指示待ちや仕事の抱え込みが目立つようになる。逆にベテランは、技術力は高くても、目標や仕事の進め方を自分勝手に解釈したり、自分の担当業務だけをこなす一匹狼タイプになったりする。

個人に仕事をつける型の業務分担は、個々の担当者が直面する問題・課題が明るみに出ないため、チーム全体の問題・課題としてとらえることができない。つまり、チームでありながら仕事は組織的に進んでいないのが実態である。

マネジャーとメンバーはまず、「組織・チームで仕事を進める」という信念をもつことが大切である。特にマネジャーは「知力団体戦」では役割が大きく変わるため、意識改革が求められる。そこから全員で環境を整え、組織的に動けるように変わるための行動をとっていく。

「知力団体戦」は、「個人戦」とは発想が異なる。「個人に仕事をつけ、仕事は個人でやるもの」という考え方から、「仕事に複数の人をつけ、仕事はチームでやるもの」に変わる。例えば、以下のような業務分担のやり方である。

「Xの仕事はAさんとBさんが担当し、Yの仕事はAさんとCさんで担当してもらう」

これが「仕事に複数の人をつける」である。

仕事に複数の人をつければ、個人がその仕事を抱え込むことがなく、状況や情報を共有している他のメンバーが必ず存在する。これはプロジェクト運営上でいくつものリスクを回避することになる。

例えば、Xの仕事でAさんがトラブルを抱えて手をとられたとしても、Yの仕事についてはCさんがそのぶんをフォローすることができる。
　「個人戦」では、ひとつのプロジェクトでトラブルが発生すると、玉突き式に他のプロジェクトにも遅れが生じる。仕事に複数の人をつければ、そういった現象が防げるようになる。
　仕事を複数のメンバーで担当すれば、日常の開発業務でも、互いに相談しながら知恵を出しあい、組織力が発揮されてくる。
　チーム編成や業務分担の考え方を変えるだけで、「個人で計画、個人で実行」が生む問題やリスクは大部分が解消できる。さらに、マネジャーとメンバー全員による「未来を見る計画」が加われば、「知力団体戦」は本格的なものとなる。

「合知合力」という考え方

　仕事はもともと会社のものであり、組織で取り組み進めていくものである。この前提に立って、私たちは「合知合力」のコンセプトを打ち出している。
　「合知」では、組織の目標達成のために、業務に生じる問題・課題を全員の知恵を合わせて解決していく。これはもちろん、問題が起きてから、担当者がひとりで試行錯誤しながら対処するより、解決までの時間ははるかに短い。
　また「合知」は技術伝承、ノウハウ伝承の場にもなる。知恵をもつ人たちは、仕事のやり方を工夫するなかで得た経験、技術を組織に提供する。若手社員は業務を通して、先輩から自然に吸収する。この共有化がチーム全体をレベルアップさせる。

「個人戦」でメンバーが仕事を抱え込んでいる場合、その仕事は自分のものだという錯覚を起こしている。当然、個人の知恵やノウハウがチームで共有される機会はない。

　すべての仕事は組織で取り組むものであり、そこから得た技術やノウハウはすべて組織のものであると認識すべきである。

　さらに「合力」では、互いに応援できる態勢をとっていく。全員の能力、保有工数、時間資源を組み合わせ、プロジェクト全体に割りあてていく。効果的な役割分担、負荷の平準化などを進める仕事のやり方である。

　「合知合力」のチーム力が発揮しだすと、チームの仕事は「個人戦」から「知力団体戦」へと変化していく。マネジャーはこのコンセプトをよく理解し、組織的に動けるチームの姿を描いて、革新を進めていくことが求められる。

　写真2-5-2は、ある開発チームの段取りコミュニケーションを撮影したものである。

　模造紙の図を指しているのがリーダーで、手前の左端が課長、右のふたりがメンバーである。リーダーはプロジェクトの背景、目的、目標（アウトプット）などを説明し、メンバーと共有化を進めている。課長は、全員の理解と共有化を確認しながら、問題・課題解決の方針を出している、という場面である。

　マネジャーとリーダーは、自分の技術力やノウハウを総動員して、メンバーにアウトプットイメージや仕事のやり方を語り、共有する。十分な理解が得られるまで、時間をかけてとことん

写真 2.5.2 知力団体戦への転換

話していく。

　メンバーのほうは、ただ聞くだけでなく、疑問点や自分のアイデアを自由に発言する。実際の開発業務に着手したときに、自分ひとりで考え込むことがないように、事前に考えられることはこの場ですべて吐き出しておく。

　段コミは、このように参加者全員で考え抜き、議論しながら進めていく。ワイガヤ方式、自由に発言できるオープンマインド、かつ未来型が必須であることはおわかりいただけるだろう。

　マネジャー研修でこの写真を見せると、受講者に驚かれることがある。

「これはリーダーとメンバーが主体的にやることだろう」

「マネジャーがここまで前面に立って決めていくのか」

このような感想をもつのも無理はない。開発部門ではマネジャー、リーダー、メンバーが数時間をかけてプロジェクトの中身を仔細なところまで考え抜き、事前検討する光景が最近見られなくなった。

インパクト・メソッドでは、このような段コミが少なくとも毎週１度は開かれる。マネジャーの役割がまるで違う「知力団体戦」は、負担が大きいと感じられて当然である。

個人商店化した職場から見れば、「合知合力」の段コミは別世界に映る。入社から10年20年、個人商店化した仕事のやり方が続き、タコツボ状態が身に染みついていればなおさらだ。

活動初期には、仕事のやり方についての意識改革が起こる。「個人戦」から「知力団体戦」への移行は、マネジメントのパラダイム・チェンジである。

ここでいうパラダイムとは「行動の基準となる価値観」であり、この活動では全員の価値観を変えていく必要がある。価値観が変わることで、本質的に仕事のやり方が変わっていく。

マネジャーに「計画は上司と部下が一緒につくるもの」、すなわち「上司と部下で思考過程を共有する」という価値観がなければ、段コミはただ形式を真似るだけで終わってしまう。マネジメントのパラダイム・チェンジは、私たちのコンサルティングでもつねに強調していることである。

「先の見える中身計画」では、マネジャーは初めにプロジェク

トで達成したい目標を伝え、メンバー全員での共有化をはかっていく。ここでアウトプットイメージの共有が不十分だと、「合知合力」のチーム力も発揮されにくくなる。

　図表2-5-3は、段コミの進め方をイラスト化したものである。マネジャーが打ち出した目標とアウトプットイメージに沿って、プロジェクトの日程、業務の進め方、技術上の目標・課題、各人の担当や負荷量などを検討している場面である。

　テーブルにある左側の模造紙は、プロジェクトの目標に対して、現段階で想定される技術上の目標と課題が見える化されている。右側の模造紙は「作戦ストーリーと作業計画の見える化」で、具体的な仕事のやり方と各メンバーの負荷量などを表している。

　この場面での「合知」は、メンバーの発言に表れている。
「これがいまの課題です」
「次の一手は何だろう」
「こんなアイデアがあります」
　目標・課題に対して、自分の考えを積極的に発言し、全員で解決策を模索している。これが「合知」による問題・課題解決のイメージである。

　一方、「合力」は下側にいるメンバーの「それなら私たちがやります」という発言に現れている。仕事のやり方と負荷量がはっきりすれば、各人の果たすべき役割が見えてくる。メンバー全員が進んでその役割にしたがって動きだすことが「合力」である。

[第2章]慣習を打破し、仕事のやり方を変える革新活動

図表 2 5 3 段取りコミュニケーションの進め方

例えば、ベテランは若手の指導と育成に努め、若手はベテランに負荷が集中しないようにサポートしていくなどがそうである。チームの好結果につながるように、積極的に他人に働きかけていく姿勢が「合知合力」には求められる。

　チームが組織として機能するためには、「合知合力」をひとつの価値観として全員で共有していく。知恵を合わせ、力を合わせることがチーム運営の基本となる。
　その価値観は、他のメンバーに対する関心や興味にも現れる。チームワークがよい状況では、メンバー全員の動きが互いにわかっている。メンバーが互いの理解を深め、チーム全体の状況を把握することが、チームワークの出発点になる。
　そのため、マネジャーはメンバーが互いに関心や興味をもつような職場風土をつくっていく役割を担っている。例えば、自発性の足りないメンバーにはみんなの前で話をする機会をつくる。段コミで他人の話をよく聞いていないメンバーがいれば、その場で注意する。
　マネジャーはそのような働きかけや躾(しつけ)で、積極的に職場風土を変えていく。相互理解を深めるためには、自分をさらけだすこと、他人に関心をもつことが大切だと伝える役割がある。
　互いの状況を理解すると、コミュニケーションが活発になり、価値観共有、状況共有が格段に進む。チームの一体感も生まれてくる。ワイガヤやオープンマインドの土台づくりに効果を発揮する。
　私たちの実体験からいえば、マネジャーが個々のメンバーを

よく見ているチームは、メンバーも互いに興味や関心をもっている。マネジャーの各人に対する認識はチーム内にも伝わっているのだと想像できる。マネジャーが、日頃から個々のメンバーにどれだけ注意を払っているかが重要になる。

全員が自分の役割を自覚しリーダーシップを発揮する

インパクト・メソッドでは、個人商店化した職場をメンバーが「タコツボに入った状態」と表現していて、それは小さな殻に閉じこもり、周囲の環境変化に気づいていない状態を意味している。インパクト・メソッドのイメージキャラクターが「タコツボを割って出てくるタコ」であるのはそこからきている。

開発職場の個人商店化は、実は私たちがいうタコツボの一部

図表 2-5-4 タコツボに入った状態を打破する意味を表すイメージキャラクター

にすぎない。ときには組織全体が、タコツボにはまりこむこともある。それは組織が小さな殻に閉じこもり、周囲の環境変化に対応できない状態である。

　現場が個人商店化している組織は、往々にして管理職も個人商店化している。この層にも「合知合力」の価値観にもとづくチームづくりが必要である。
　課長とリーダーが一緒に未来を見ていくと、現場の最前線課題が明らかになってくる。例えば、２カ月先３カ月先の仕事を想定し、対応できるチーム状況かを検討しておくようなことが可能なのである。これと同様に、幹部と部長が「合知合力」で未来を見ていけば、中長期的な経営課題が明らかになってくる。
　そうなれば、職位層別に各人が役割を果たしていくようになり、関係者全員がリーダーシップを発揮できるようになる。
　インパクト・メソッドでいう「リーダーシップ」とは、自分の役割を発揮するために、自分以外の他人に働きかけていくことである。例えば、部長にとってのリーダーシップは、経営がめざしていることを課長やメンバーに熱く話して聞かせることである。
　また、「中・長期課題を見えるようにしよう」と課長に働きかけて、「合知合力」で中長期計画をかたちにしていく。
　課長も同じように、現場の最前線課題を明確にし、それに手を打つために、リーダーとメンバーに働きかけていく。全員を集めてコミュニケーションをとり、先の課題を見るように努めていく。これがマネジャーのリーダーシップである。

図表 2 5 5 インパクト・メソッドのリーダーシップ

> **インパクト・メソッドの**
> # リーダーシップとは？
>
> 自分の役割を発揮するために他人に働きかけていくこと
> 自分の役割を果たすために主体的な行動をとること
>
> 例えば…
> - 部長にとってリーダーシップ
>   ⇒経営がめざしていることを課長やメンバーに話して聞かせること
> - 課長にとってのリーダーシップ
>   ⇒現場の課題を明確にし、手を打つためにメンバーに働きかけること
>   　コミュニケーションをとり、先の課題を見るように努めること
> - メンバーにとってリーダーシップ
>   ⇒マネジャーやチームリーダーに自ら進んで働きかけること

　メンバーにとってのリーダーシップは、マネジャーやチームリーダーに自ら進んで働きかけることである。自分の担当業務でわからないことがあれば、積極的に「わかりません」と質問する。その答えにあいまいな点があれば、遠慮なく問い直す。それがメンバーのリーダーシップである。

　私たちがいう「リーダーシップ」とは、このように自分の役割を果たしていくために自らが主体的な行動をとることである。

　幹部から現場のメンバーまで、全員が自分の役割を理解し、主体的な行動をとるようになれば、「合知合力」のチームワークは飛躍的に伸びていくはずである。

第3章 革新活動のためのインパクト・メソッドプログラム

前章まで、インパクト・メソッドの基本的な考え方を解説してきた。この第3章では、その考え方が実際の革新活動でどのように進められていくかを見ていこう。

インパクト・メソッドは、一般的な企業でいえば課にあたる職場単位で活動し、マネジャー以下メンバー全員参加で取り組む。標準的なプログラムは約1年間をかける。

プログラムの詳細について解説する前に、まず全体の流れを紹介したい。

プログラム全体の流れ

約１年間の標準的なプログラム

・マネジャー研修（１日〜２日研修）

　職場全体の活動に先だち、マネジャーを対象に実施する研修。通常は開発担当役員から部長、課長までが参加する。インパクト・メソッドをまず経営幹部、マネジャーが理解する。また、自職場の現状と問題・課題認識について整理する。

・立ち上げ研修（２日間研修）

　２日間をかけて実施する導入研修は、幹部マネジャーから新入社員まで、対象職場のメンバー全員が参加する。

　１日目は午前中に、インパクト・メソッドの考え方を講義形式で学ぶ。午後は「マネジメント・スタイル図」「コミュニケーション状態図」の作成を中心とした実習に移る。職場の不平不満を書き出し、職場状況を絵にする作業をチーム単位で進める。１日目の終わりに、各チームが成果物を発表する。

　２日目は、午前中に講義があり、午後はマネジャーチームとメンバーチームに分かれて実習がある。マネジャーチームは、１日目に作成されたメンバーの不平不満のカードの読み込み、職場の組織編成、会議などのコミュニケーション・イベントの見直しに取り組む。メンバーチームは、職場単位で実際に進め

図表 3-1-1 インパクト・メソッドの活動スケジュール

1年間

- マネジャー研修（1日もしくは2日）
- 立ち上げ研修（2日間）
- 見える化研修（1日）
- 相談会
- マネジメント状況共有会
- 相談会
- マネジメント状況共有会
- 革新検討ミーティング
- 相談会
- マネジメント状況共有会
- 相談会
- ○**マネジメント状況共有会（中間発表会）**
- 相談会
- マネジメント状況共有会
- ○**飛越式**

6カ月程度
3つの導入研修（マネジャー研修、立ち上げ研修、見える化研修）を通じて、チームの現状共有し、マネジャー、メンバーとして仕事のやり方を変えるスタートを切る。マネジャーとメンバーが仕事の状況を見せる・見る・手を打つ関係を構築することで、マネジメントの正常化とコミュニケーションの活性化、日常業務のスムーズな遂行に挑戦する。

3カ月程度
プロジェクト革新を描き、具体的な課題解決のアクションを起こすことで、プロジェクトマネジメント革新とチームマネジメントのレベルアップに挑戦。

3カ月程度
マネジャー、メンバー全員がビジネスマインドを持ち、経営成果に直結する将来の自部署のありたい姿を描き、その実現に向けて挑戦行動をとり始める。

ているプロジェクトを対象とした「計画システムの見える化とマネジメント問題の分析」に取り組む。

・見える化研修（1日研修）
　立ち上げ研修の約1週間後に設けられ、マネジャーとメンバーでメンバー1人ひとりの状況と業務遂行上の「困りごと」「障害」を共有する。その上で、「困りごと」「障害」解決のためにどのような「見える化」が必要なのか考え、一部実践する。これにより「見える化」活用の考え方を理解し、「見える化」が問題・課題解決につながることを体感する。

・個別相談会（対象チームごとに約2時間）
　見える化研修の約2週間後と、後述する「マネジメント状況共有会」の約2週間後に実施する。職場単位で活動状況をまとめ、コンサルタントとチームマネジメントの状況を確認し、実践内容やマネジメント改善の方向性など、進め方を相談する。

・マネジメント状況共有会（1日）
　月に1度、同時期に活動を始めたチームが集まり、1カ月間の活動内容と成果、現在の職場状況、今後の活動などを発表しあう。1チームあたり10〜15分の持ち時間で、チーム全体の活動内容とメンバー個人の活動内容をそれぞれ発表する。

・革新検討ミーティング
　コンサルタントが対象チームのマネジメント状態と今後の改

善方向を分析し、それをもとに、今後のマネジメントや仕事のやり方改善の方向性について、マネジャーとディスカッションをする。各マネジャーはその内容をもとに活動の方向性を決め、マネジャーとして、自人称でどう仕事のやり方を変えていくかを検討する。

　1回目は第2回マネジメント状況共有会の終了後、2回目は第4回マネジメント状況共有会の終了後に実施する。

・**中間発表会**
　マネジメント状況共有会のうち、特に活動開始から6カ月後を目安に開かれるものを「中間発表会」と呼ぶ。1チームは約30分間をかけて、これまでの活動を総括的に発表する。

・**飛越式（1日）**
　約1年間の活動を修了し、卒業が認められたチームが活動全体について総括する最終イベント。1チームあたり約30分間の持ち時間で発表する。

3.2 「導入研修」①
マネジャー研修

　インパクト・メソッドでは、現場の現実を把握し、仕事のやり方を変える第一歩として、初めの1カ月間に導入研修として次の3つを実施する。

①マネジャー研修
②立ち上げ研修
③見える化研修

　まず、マネジャー研修の中身について、詳細に解説していこう。

経営層、マネジャー層の理解が成果を左右する

　マネジャー研修は、職場全体の活動に先だち、マネジャーを対象に実施するもので、通常は開発担当役員から部長、課長までのマネジャー層が参加する。

　インパクト・メソッドは、まず経営層、マネジャー層に基本的考え方を理解してもらうところからスタートする。マネジャー層の理解と納得は、活動全体を左右するほど重要である。実際、過去にはマネジャー層の理解が浅かったことが原因で、途中でリタイアしたチーム、1年間で卒業できなかったチーム

写真3.2.1 マネジャー研修の様子

マネジャー研修は、開発担当役員から部長、課長までのマネジャー層が参加し、午前中は講義形式でインパクト・メソッドの基本的な考え方を学ぶ。

が出たこともある。

　現場メンバーの理解がどれだけ深くても、牽引役のマネジャーに誤解や理解不足があると、メンバーの革新活動に対するモチベーションを下げ、チームの足を引っ張ることになりかねない。

　マネジメント革新は、マネジャー層の取り組み姿勢が鍵といえるだろう。

　導入前に、コンサルタントは、責任者である経営層、マネジ

ャー層を中心にヒアリングを実施する。対象は企業規模や組織体制によって異なるが、開発担当役員と開発部門長は全員参加となり、経営トップから部課長クラスまで範囲を広げることもある。

　この事前ヒアリングでは、経営層、マネジャー層の状況認識や問題意識、開発部門への期待などを確認する。そして、活動の最終ゴールとして「好結果を出すために、仕事の進め方を変えること」を理解し、納得したうえで合意を得る。

　大手製造業の開発部門は、必ずといってよいほど、過去にビジネス成果を目的とした組織改革、業務改革、システム導入などを経験している。しかし、結局は仕事の進め方が大きく変わらず、開発力や職場状況は従来のままとなる。そのような企業がインパクト・メソッドの成果に期待するものは大きい。

　開発部門長が「仕事の進め方をよりよくしたい」と強く望むことは、革新活動の必須条件である。逆に、「仕事の進め方を変えれば、結果的に高いビジネス成果を生む」という認識がないと、いつまでも活動に弾みがつかない。事前ヒアリングは、その点を確認しておく場でもある。

　インパクト・メソッドの本質は問題・課題解決であり、その実践にはマネジャーの強いリーダーシップが必要となる。問題・課題解決には、①仕事そのものの課題解決、②仕事の進め方の課題解決、③人に対する課題解決の考え方や価値観という３つがあり、特に②は、個々のマネジャーが入社から現在まで培ってきた仕事の価値観やものの見方が影響する。その重要性を伝

え、ものの見方や価値観を根本から見つめ直すきっかけをつくるのがマネジャー研修である。

研修は「ものの見方」「着眼点」「行動基準」の理解から始まる

どの企業でも、仕事の進め方に問題を感じている部長、課長は多い。何とかしたいと思いながらも、「具体的な解決策が見出せない」「過去に改善を試みて結果が出なかった」「プロジェクトリーダーを兼務し、とても職場のマネジメントまで手がまわらない」と半ば諦（あきら）めている。

私たちのマネジャー研修では、なぜ仕事の進め方を変えるのか、どうすれば変わるのかという本質的な問いから出発する。それが、開発マネジャーに必要な「ものの見方」「着眼点」「行動基準」を身につける入り口となる。

開発者の仕事は、頭で考えてアウトプットを出す「知的ワーク」が中心である。したがって開発部門のマネジメントは、知的ワークの状況を正しくつかみ、目標達成に向けて、チーム全体のパフォーマンスを最大化する取り組みだといえる。

知的ワークを正しく把握する行動は「現地・現物・現実」の三現主義を原則とする。

マネジャー研修では、自職場の事実状況（組織編成、業務分担、指示命令系統など）を書き出し、それに対して実現したい思いや問題・課題を整理していく。そして問題・課題解決にあ

[第3章]革新活動のためのインパクト・メソッドプログラム

写真 3.2.2 マネジャー研修での実習の様子

マネジャー研修は午後に、模造紙と付箋紙を用いた実習に移る。職場のマネジメント・スタイル、コミュニケーションの状態などを整理し、「現場の現実」をとらえたうえで客観的に問題点を洗い出す。

たるための考え方と行動を検討し、討議する。このように自ら「現場の現実」を見きわめる行動に出て、率先して問題・課題解決にあたっていく姿勢が、マネジャーには求められる。

　そのように研修では、マネジャーとしての「ものの見方」「着眼点」「行動基準」について詳細に語られる。

　マネジャー研修で講義していると、受講者の理解度が顔の表情からおおよそつかめるものだ。経験的にいえば、私たちの話にピンときて興味を示す人が3分の1、理解不能で目が点になる人が3分の1、自分の価値観を否定されたように感じて憮然

としている人が3分の1である。

「仕事は人間の集まりで進めるもの」と認識する

　マネジャー研修は、部長、課長がそれぞれの視点から現状認識を明らかにし、共有していく活動である。この実習によってインパクト・メソッドの活動イメージをつかみ、理解が進むマネジャーは多い。

　理解の前提には「仕事は人間の集まりで進めるもの」という認識が必要である。

　仕事の進め方を変えれば、働く人の気持ちが変わる。意識が

写真3-2-3　マネジャー研修の発表の様子

各チームは実習で検討した内容、今後の取り組み課題などをマネジャー研修の最後に発表し、共有する。

高まれば、仕事の成果はあがる。その集積は、会社全体のビジネス成果を高める。

　仕事の進め方を抜本的に変えていく活動はマネジャーが牽引役を果たすため、マネジャー自ら革新への意識を高めなくてはならない。マネジャーのインパクト・メソッドに対する理解度は、その後に展開するチームの活動に大きく影響するからである。

　仕事の進め方を変える活動のなかで、最も重要な部分は、第一線のマネジャーが自らの行動と、マネジメントの進め方を勇気をもって変えていくことである。

3.3 「導入研修」②　立ち上げ研修

マネジメント革新を疑似体感する

　職場のマネジメント革新は、メンバー全員が互いの現状認識を共有するところから始まる。特に、職場の問題点といえるネガティブな面を徹底的に洗いだしていく。
　問題点の抽出は、メンバー１人ひとりが日頃から困っている点、違和感や疑問、不平不満などがヒントとなり、そこから「現場の現実」をとらえることができる。
　その象徴的なイベントが、立ち上げ研修の１日目に実施する「吐き出し」である。
　「吐き出し」は、メンバー個々の問題意識を見える化することで、職場の問題点を洗い出す。インパクト・メソッドのなかでも重要なイベントのひとつで、活動を続けても成果が出ないチームは、そもそもこの「吐き出し」の時点でメンバーの本音が十分に出ず、そのチームのマネジメント上の問題・課題の肝が把握できず失敗することが多い。

問題や不満を明らかにする「吐き出し」

　まず「吐き出し」の手順を見ていきたい。
　メンバーはそれぞれ付箋紙とサインペンを用意し、日頃の問題意識や不平不満を思いつくまま書き出していく。付箋紙１枚

図表 3-3-1 立ち上げ研修1日目の流れ

1日目

メンバーが付箋紙とサインペンを用意し、日頃の問題意識や不平不満を書き出す

付箋紙1枚につき1トピックとし、
周りの人と相談せずに15分ほどで書き進める。

全員が書き終えた付箋紙を模造紙に貼る

順不同ですべての付箋紙を模造紙に貼り、
全員の問題意識や不平不満が一覧できる「吐き出しボード」をつくる。

付箋紙を張った模造紙を前にワイワイガヤガヤと話し合い、メンバー間で共有する

「吐き出しボード」を囲みながら、メンバー同士で
問題・課題認識を共有する。この作業によって、
「みんな同じようなこと悩んでいたんだ」
「こんなことを考えていたんだ」とメンバー同士の相互理解が深まる。

吐き出しの内容をもとに「マネジメント・スタイル図」「コミュニケーション状態図」を描く

90分～120分の決められた時間内で、
「吐き出し」の内容を自由なかたちで絵に描いていく。

「マネジメント・スタイル図」「コミュニケーション状態図」についてメンバーが発表し、共有する

高い評価を受けた図は、立ち上げ研修終了時に表彰される。

につき1トピックとし、周りの人と相談しないで15分ほど黙々と書き進める。多い人で15枚前後の付箋紙が机上に並ぶ。吐き出しの数は、職場の雰囲気をよく表し、自由に意見を述べられる職場は多く、そうでない職場は少ない。

　全員が書き終えた付箋紙は、模造紙に貼っていく。初めはトピックで分類することなく、順不同ですべての付箋紙を貼る。たくさん吐き出せたチームは、模造紙が2枚以上になる。こうして、全員の問題意識や不平不満が一覧できる模造紙ができあがる。

　これが最初の見える化と共有化であり、職場の現状をとらえる活動の原点といってよい。

　メンバーの吐き出しは、これまで公然と指摘されたことがない「職場の現実」であり、不平不満や違和感の裏側には、必ずマネジメントの問題が潜んでいる。

　また、この吐き出しはチームとして動くための必須条件となる「オープンに自分の思ったことを話す」姿勢を実体験する効果もある。そして、お互いに本音で話すことで「スッキリ感」が得られ、「組織も本音を受け入れてくれる」と認識できるようになる。それが、チームのオープンなコミュニケーションにつながっていく。

「吐き出し」では痛烈な上司批判も許される

　写真3-3-4は、ある企業で実際にメンバーが書いた吐き出しの付箋紙である。

　深刻な職場状況が伝わってくる内容だが、このチームのメン

写真 3-3-2 付箋紙に問題意識や不平不満を書き出す「吐き出し」

「吐き出し」では、日頃の問題意識や不平不満を思いつくまま書き出していく。付箋紙1枚につき1トピックとし、まずはひとり仕事で15分ほどかけて黙々とペンを走らせる。多い人で15枚前後の付箋紙が溜まる。

写真 3-3-3 「吐き出し」の付箋紙をまとめていく

個人個人の「吐き出し」が終わると、お互いに中身を共有しながら模造紙に付箋紙を貼っていく。初めは順不同ですべての付箋紙を貼り、そのあとに相談しながら関連するトピックをまとめていく。付箋紙が多い場合は、模造紙が2枚以上になることもある。

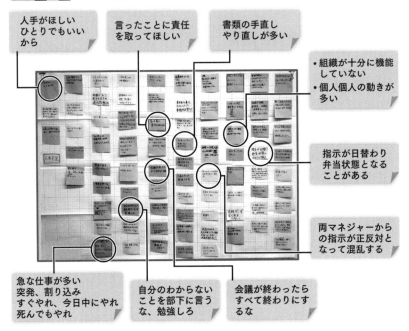

写真 3-34 「吐き出し」ボード

　バーはスムーズに書けていたので、メンバーが職場の問題をきちんと認識していることがわかる。

　また、一見すると「自分のわからないことを部下に言うな、勉強しろ」などは上司への痛烈な批判だが、ここまで本音を出せれば、むしろ革新のエネルギーは大きいと考えていい。「吐き出し」の主旨をよく理解して取り組んだチームは、そのように職場の問題が浮き彫りにされる。

　吐き出しを始める前に、私たちはこのような他社の事例をいくつか紹介する。「これくらい本音を出してもOK」という吐

き出しの主旨を理解してもらうために必要な仕掛けである。

「他責モード」で本音を吐き出す

「吐き出し」は、本音の意見が数多く出るほど、その後の活動にも弾みがつく。現場の生々しい現実が言語化され、チーム全体の現状認識が共有されたことになる。

吐き出しの実施前に、私たちは以下のようにアドバイスすることがある。

「他人の顔を思い浮かべて書いてください」

内容が他人を責めることになっても、遠慮しないで書いてください、という意味である。

仕事の進め方を変える活動は、自分を責める「自責モード」で始めてもうまくいかない。革新のエネルギーが途中で失われてしまう。職場のあり方を反省する吐き出しは、どうしても自責モードになりやすいので、あえて「他人の顔を思い浮かべて」とアドバイスするのである。

他責モードといっても、誹謗中傷を書き立てるわけではない。正しいマネジメントをイメージした場合の不平不満であり、あくまでも職場をよくするため、全員が働きやすくなるためという高い目標があってのことである。

「他責モードでかまいませんから、今日1日は自分のことを棚に上げて、不平不満を思う存分書いてください。スッキリしましょう」

「吐き出し」を始める際は、このスッキリ感を強調する。不平不満を外に出して、誰かに知ってもらうことは、プラスの心理

写真 3 3 5 吐き出し例1

「なんだか仕事量のバランスが悪くないか？」「誰が最終判断するのか、よくわからん！」「納入先の細かい思い入れに流され、業務量が減らない」「人の話を最後まで聞いて真意を理解して欲しい」などの指摘や不平不満が見られる。

写真 3 3 6 吐き出し例2

「相談にいくと仕事が増えるだけで、効率化のアドバイスがない」「アウトプットイメージができていないまま仕事をふられる」「自分のことをたなに上げる」「新しいことに少し後ろ向き、仕事（目の前の）最優先」

効果がある。

日頃からマネジャーとメンバーが、胸に不満を溜めこんでいる職場は特に効果が高い。

マネジャー研修の体験が「吐き出し」を後押しする

「他責モード」が前提なので、特定の個人に攻撃が集中することもある。職場で問題視されているメンバーの場合もあるが、通常は直属上司のマネジャーに集中する。人数からいっても、まさに多勢に無勢である。

マネジャーのほうも、ある程度は覚悟している。なぜなら、先に実施されるマネジャー研修で、マネジャー自身が職場の問題点について「吐き出し」を体験しているからである。

その場合は、直属上司の部長や経営幹部に対する不平不満を吐き出している。自分も同じ立場を体験したので、部下からの批判も甘んじて受けるといった態度になれる。

吐き出しは、メンバーにとって現状認識の共有、相互理解、ガス抜きなどの効果がある。マネジャーにとっては、「職場の現実」をつかむ貴重な機会になることは間違いない。

本音が出たチームほど高く評価される

私たちが吐き出しについて説明すると、「人事考課や人間関係への影響を考えてしまい、本音は書けないのではないか？」と危惧する人がいる。しかし、これまでのコンサルティングで、吐き出しが原因でマネジャーの恨みを買ったり、人間関係がおかしくなったりという話は聞いたことがない。

もちろん、「吐き出し」の指摘によって、マネジャーがショックを受けることはある。しかし私たちが知るかぎり、ほとんどのマネジャーは、本音を突きつけられると自らを省みて、職場をよい方向へ変えようと前向きになる。現実を突きつけられて、部下を逆恨みするようなメンタリティーでは、もともとマネジャーになる資格はない。

　むしろ、部下から本音を突きつけられて、何も感じないマネジャーのほうが困る。なかには、他人事のように無表情のマネジャーもたしかにいる。そうなると、革新のエネルギーは期待できない。

　とはいえ、メンバーのなかには用心深い人もいるので、私たちは研修の前に、開発担当役員や部門長に「吐き出しではどんな意見が出てもかまわないですね」と了承をとっておく。開発トップの方針として「吐き出しは他責モードで本音を書く」と認めてもらう。

　そして、私たちは吐き出しの手順を説明するなかで、全員の前で開発トップに声をかける。

「今日はどんな不満や批判が出てもいいですね？」

　開発トップはたいてい、頭の上に両手をあげ、マルを描いて「OK」の合図を出す。開発トップがこの活動への理解を示す場面である。

　吐き出しで表現された各メンバーの不平不満は、このあとに実施する「コミュニケーション状態図」「マネジメント・スタイル図」の材料となる。これらの絵は、立ち上げ研修の終わりに最優秀賞、優秀賞を決め、開発トップから表彰してもらう。

職場の実情がリアルに表現された絵は評価が高い。つまり、吐き出しで鋭い本音の指摘がたくさん出たチームほど、受賞の可能性は高くなる。

「昼間の赤ちょうちん」を演出する

そのように本音で問題点を指摘できる状況を、私たちは「昼間の赤ちょうちん」と呼んでいる。仕事帰りの飲み屋でときどき本音の議論が聞けるのと同じで、昼の業務時間でありながら互いの立場を考えずに、腹に溜めていることを本音でぶつけあうという意味である。

写真 3 3 7　整理された「吐き出し」の例

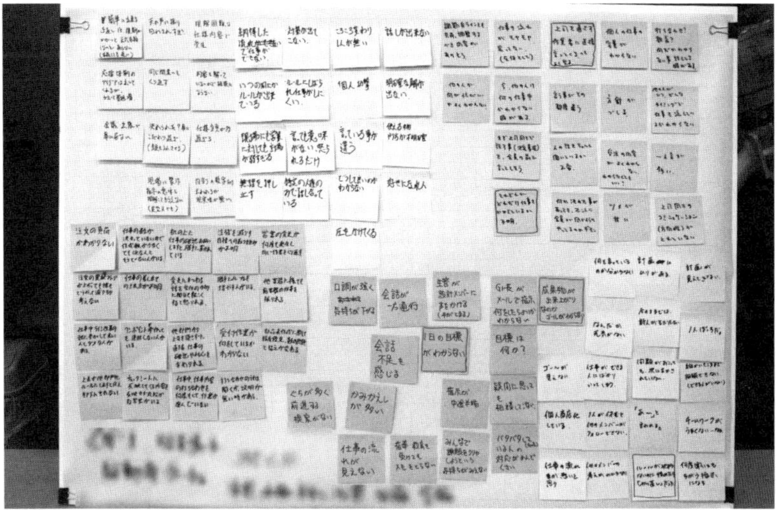

メンバーの「吐き出し」を集めて模造紙に貼り出すと、メンバー全員の問題意識や不平不満を一覧できる「吐き出しボード」ができあがる。関連するトピックに分類してまとめると、これまで語られることがなかった職場の問題点が浮き彫りになる。

写真 3.3.8 マネジャーとメンバーで「吐き出し」について議論する様子

マネジメントについて辛辣な批判も見られるが、マネジャー本人も思わず笑いだすほど的を射た指摘もある。

　以前は、居酒屋で上司と部下が仕事のことでぶつかりあう光景がよく見られた。同僚と一緒に、上司の悪口をいって盛り上がるグループもあった。いわゆる「飲みニケーション」の効用で、酒の力を借りて、お互いに本音をぶつけあえたわけである。

　赤ちょうちんで交わされる本音の議論は、実は仕事を進めるうえで大きな役割を果たしていた。長い時間をかけた詳細な状況共有であり、お互いの考えを知る意思疎通が可能になり、チームワークを確認する場でもあった。

　それと同じ効果を狙っているのが「吐き出し」である。最近

はどの職場でも「飲みニケーション」が減っているので、「昼間の赤ちょうちん」の意義は大きい。

　吐き出された内容は悲惨な状況も多いが、鋭い観察力で、ある状況を的確にとらえた指摘は笑いを誘う。

　全員の付箋紙を集めて模造紙に貼っていくあたりから、あちこちのチームで笑いが起こってくる。他人の吐き出しを熱心に読む姿も見られる。

　吐き出しの後半になると、メンバー全員が立ち上がって模造紙を囲み、ワイワイガヤガヤ相談しながら作業する光景が目立つ。研修室全体の空気が活気づいてくる。

　ふだん寡黙なメンバーが鋭い指摘を書いたときなど、同僚の意外な一面を知る機会になるだろう。「こんなことを考えていたのか」と新たな発見があり、お互いの理解が深まるという効果を生む。

吐き出し内容をメンバー間で共有すると、「みんな同じようなことで悩んでいたんだとわかった」という気づきを聞くことが多い。メンバー同士の問題・課題認識に対する共感は、組織を変えていく大きなエネルギーになる。
　本音のコミュニケーションが成立するだけで、チームは意外なほど活気づき、職場の悲惨な状況が「ホントにこうだよな」と客観視できる。この納得感もマネジメント革新のエネルギーとなる。

絵を描くことで、職場のマネジメント状況を客観視する

　立ち上げ研修では「吐き出し」の内容をもとに、チーム全員で相談しながら「マネジメント・スタイル図」と「コミュニケーション状態図」を描いていく。この場合も「明るく楽しく」をモットーに、何かの事柄にたとえてユーモラスな表現を考えてもらう。研修ではそのアイデア出しも含めて、制作に90分間から120分間を費やす。

　絵の描き方はコンサルタントが指示することはなく、各チームに任せている。絵に描くことの主旨や狙いを理解し、時間内にアウトプットができるのであれば、進め方は自由である。
　例えば、ひとりずつノートに絵を描き、互いに見せあってイメージを固めていく方法、絵が得意なひとりが下絵を描いて、それに全員がアイデアを加えていく方法などがある。チーム内で誰かがリーダーシップを発揮し、進め方を決めていくことが

[第3章]革新活動のためのインパクト・メソッドプログラム

写真 3 3 9 マネジメント・スタイル図を書く様子1

自分たちの「吐き出し」をもとに、職場状況を絵に描いていく。どのような絵で表現するかを相談する過程でも、お互いの問題意識が改めて確認される。

写真 3 3 10 マネジメント・スタイル図を書く様子2

これまで知らなかったメンバーの意外な一面を見ることもある。問題の本質を的確に捉える、発想が豊か、たとえ話や絵がうまいなど。全体的な印象としては、開発部門には絵が上手な人が多い。

多い。

　絵のポイントは「明るく楽しく」である。吐き出しと同じで、自分たちを責めたり深刻すぎたりすると、チームの雰囲気が暗くなってしだいに気が滅入ってくる。それでは逆に、革新のエネルギーが損なわれてしまうことになる。

　その反対に、深刻な状況も明るく楽しく描けば、前向きなパワーが生まれてくる。絵の制作中も、全員でワイワイガヤガヤと意見を出しあい、あちこちで笑いが起こる。あとで他のチームの前で発表するのだから、できるだけユニークで笑える絵にしようとみんなでアイデアを出しあっている。職場状況がリアルに現れ、笑いがとれるほど、優秀な作品として評価されるわけである。

　何年にもわたってインパクト・メソッドを継続している会社では、「マネジメント・スタイル図」「コミュニケーション状態図」を楽しみにしている経営者が多い。見る人が見れば現場の現実とそこにある問題・課題の本質を一瞬につかめるからである。

　「マネジメント・スタイル図」「コミュニケーション状態図」はある意味強力なコミュニケーションツールであり、マネジメント状態の診断書である。

実習を通してチームワークを疑似体験する

　吐き出しに続く、「マネジメント・スタイル図」と「コミュニケーション状態図」の作成は、各メンバーの個性が発揮され、それだけでチーム内に小さな変化が起こる。観察の鋭さ、文章

表現の巧みさ、ユーモアのセンス、発想の豊かさ、絵のうまさなどがアピールされ、これまで気づかなかったメンバーの一面を見ることになる。「人材の発見」である。

さらに一連の実習は、チームワークの疑似体験も兼ねている。ひとつのアウトプットに向けて、メンバー全員で考え、意見を出しあい、作業を進めていく。そのなかで、お互いの考え方や能力に新たな発見があれば、さらにチーム内の相互理解は深まる。他人への関心が強まるきっかけにもなる。

特に個人依存が見られる職場は、いつも孤立感があるメンバーはこのような経験に乏しく、立ち上げ研修の1日目だけでも大きな刺激になる。本音の吐き出し、活発なコミュニケーショ

写真 3 3 11 立ち上げ研修発表の様子

「マネジメント・スタイル図」「コミュニケーション状態図」は、立ち上げ研修の1日目の発表の場で解説する。他部署、他部門の人は、ここに描かれた状況を知らないことが多く、「この職場は大変だな」「だから、いつも残業しているわけだ」などの声が聞かれる。

ン、アウトプットイメージの共有、チームワークなどを疑似体験することで、インパクト・メソッドの活動に対するイメージ理解が得られる。

部下の指摘がマネジャーを変える

　メンバーが作成するアウトプットには、マネジャーに対する厳しい批判が含まれている。マネジャーがこれまで直視してこなかった「職場の現実」である。

　マネジメントが機能していない、コミュニケーションが成立していないなどは、マネジャーの役割と能力が、根本から問われる指摘といってよい。そこでマネジャーがどのように受けとめ、どのような行動をとるかは、革新活動の成果を左右する重要な鍵である。

　研修終了後に、マネジャーが「吐き出し」の内容を真剣に読む姿を見かけることがある。懇親会を開くと、マネジャーがメンバーに「そんなつもりじゃないんだけどなぁ」「そう受けとっていたのか」と話していることもある。それまで、メンバーの問題意識や不平不満をはっきり聞く機会などなかったことがよくわかる。

　マネジャーにとって、メンバーの指摘は自分の姿を映す鏡である。仕事の指示は伝わっているか、課題や問題を解決しているか、負荷状況や精神状態をつかんでいるか、育成はできているか……というマネジメント状況が鮮明に映し出される。

　ここからマネジャーは、自らの行動を変える「格闘」に入る。職場のマネジメントを変える、仕事の進め方を変えることは、

マネジャー自身の革新だといってよい。

　自分のマネジメントを客観視し、問題点に気づけるマネジャーは少ない。しかし立ち上げ研修の1日目に、吐き出しからメンバーの不平不満を知り、自分のマネジメントを省みるマネジャーは多い。それは、自分自身のマネジメントを見つめ直し、変革するきっかけとなる貴重な体験である。

「吐き出し」読み込みとコミュニケーション・イベントの再設計（マネジャー・チーム）

　立ち上げ研修の2日目は、午前中の講義に続いて、午後からマネジャーチームとメンバーチームは別々の実習に入る。マネジャーチームは「吐き出し」の読み込みを行い、自らのマ

図表 3 3 12 立ち上げ研修2日目の流れ

2日目

●**講義**
2日目の午前中は講義が行われる。

▼

●**実習**
マネジャーチームとメンバーチームは別々に
「見える化」の実習に入る。

マネジャー
「吐き出し」の内容を読んで、マネジメントの改善検討を開始。
「段コミ」の企画を行う。

メンバー
実際の業務に使用している計画帳票を計画のシステムとして表し、現在の計画行為におけるマネジメント問題を分析する。

写真 3 3 13 段コミの様子

模造紙や見える化ボードを広げるためのスペースが必要なことから、この会社のように食堂に各職場が集まって段コミする光景もよく見られる。

写真 3 3 14 段コミ実習

立ち上げ研修の2日目に、メンバーは実際に進行中のプロジェクトについて、問題・課題の発見と対策などの「段コミ」を体験する。

ネジメント改善検討のスタートを切る。並行してコミュニケーション革新の施策のひとつとして段コミを企画する。

メンバーの「吐き出し」と「コミュニケーション状態図」によって、日頃の会議などでチーム内のコミュニケーションが低いレベルにあることが明らかになることは多い。

マネジャーは進捗確認だけの会議から、「段コミ」へと発想を切り換えていく。段コミの発想で進める会議が「段取りミーティング」である。話しあう内容の時間軸を過去から未来へと移し、さらに段取りミーティングを定例化して、スケジュールに組み入れていく。

段コミの時間は、1週間に3時間以上がガイドラインとなっている。

図表3-3-15は、あるマネジャーが再設計した1週間のコミュニケーション・イベントである。

このチームは以前、月曜の午前中に部門全体の部会があり、そのあと引き続いてチームミーティングを実施していた。両方を合わせても、午前中いっぱいで終わるミーティングだった。

そのマネジャーは、1週間のコミュニケーション・イベントを以下のように改めた。

最も時間を割くのは水曜午後で、段コミに3時間をあてている。ここで、プロジェクトの中身が見える計画と、「技術課題の見える化」「作戦ストーリー」（**図表3-3-16**）や後述する「日程計画」を作成し、毎週更新していく。ここがプロジェクト管理の中心となるコミュニケーション・イベントである。

図表 3 3 15 コミュニケーション・イベントの再設計

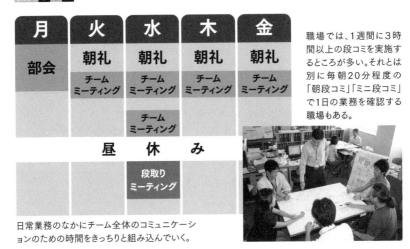

職場では、1週間に3時間以上の段コミを実施するところが多い。それとは別に毎朝20分程度の「朝段コミ」「ミニ段コミ」で1日の業務を確認する職場もある。

日常業務のなかにチーム全体のコミュニケーションのための時間をきっちりと組み込んでいく。

図表 3 3 16 作戦ストーリー

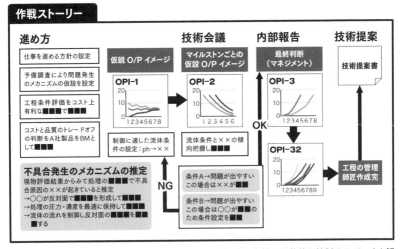

段コミでは、プロジェクトの問題・課題が明らかになると、解決の方針や具体策を検討する。そのとき解決の手順をチャート方式で表したものが「作戦ストーリー」である。

同じ水曜日の午前中には、個別チームの段取りミーティングを開く。午後の段取りミーティングの前に、チーム単位の段取りを検討しておく。
　月曜の朝は部会があり、火曜から金曜までは朝礼のあとチーム単位の段取りミーティングを15分から30分間実施する。ここでは個々のメンバーがその日に進める業務を確認し、その週と翌週の週間作業計画を日々更新していく。
　1週間のミーティング時間は3倍以上に増えているが、実際の現場ではコミュニケーションの量と質が向上し、業務の進捗はスムーズになっている。
　段取りを軽視したために、やり直しやフォローで数日をロスすることを計算に入れれば、段取りミーティングの内容を充実することで、以後の仕事はスムーズにできる。まさに、マネジャーの価値観そのものが問われることになる。

職場の問題を見つめ直し、チームを再編成する

　コミュニケーション・イベントの再構築とともに、チーム編成と業務分担を見直すことも重要なポイントとなる。インパクト・メソッドのスタートがきっかけで、活動の最小単位であるチームがきちんと機能することの重要性に気づくからである。チーム編成を替える場合、マネジャーは新しいチームの役割とチームリーダーの役割を明確に伝えることが重要である。

　コミュニケーション・イベントと同じで、チーム編成もただ変更するだけでは、実態にそぐわない場合がある。再編成と同

Another Point

踏ん切りが悪いマネジャーの取り組み

　ある企業でコンサルティングをした際、マネジャーが「2週間に1度、1時間の段取りミーティングを実施する」という方針を立てたことがある。

　コンサルタントに指示されたから、2週間に1時間ほどでお茶を濁そうと考えたようである。中身のない形式だけの活動は、マイナスに働くこともあるので「それなら、いっそやらないほうがいい」とはっきり伝えた。

　そのマネジャーは、吐き出しなどで指摘されたコミュニケーションの問題が自覚できなかったようだ。なぜプロジェクトが計画どおりに進まないのか、なぜメンバーは多くの問題にぶつかって悩んでいるのか、その原因にしっかり目をむけていなかった。

　マネジャーが、指摘された問題を素直に受けとめなければ、活動は中途半端になる。メンバーが吐き出しなどの現状認識で発揮した革新のエネルギーが無駄に終わってしまう。マネジャー自身が「コミュニケーション不全は職場の問題だ」と強く意識しなければ、このように踏ん切りの悪い結果になる。2週間に1時間程度の段取りミーティングを実施しても、問題・課題の解決まではたどり着くことはできない。

時に、チームワークが機能するように、仕事の授受と業務分担を見直す必要がある。

図表3-3-17は、チーム再編成の一例である。

上のチーム編成と業務分担では、課長のもとにメンバーが並行で編成されており、業務はAさんからFさんまでが、それぞれaからfまでの仕事を個人別に分担するかたちとなっていた。また、業務の指示は部長から課長へ行なわれ、さらに課長からメンバーへの指示となり、報告もそれぞれ個別に課長に上げるようになっていた。メンバー間には壁があり、お互いに進めている業務が見えない状況だった。

業務内容の詳細はあいまいなまま、メンバーは仕事の計画を自分たちで決めて、仕事がスタートしていた。当然ながら、問題・課題はほとんど見えていない。

その結果として、出図遅れ、やり直し、品質低下、後工程の負担といった弊害があった。

メンバーの吐き出しには「課長が忙しくて仕事の相談ができない」「隣が何をやっているのかさっぱりわからない」「孤独という不安」などの不満が並んでいた。

この状況を打破するため、マネジャーチームは部長と課長が話しあって、図の下にある形にチームを再編成した。

課長のもとにいた6人のメンバーを2チームに分け、技術力の高いふたりをチームリーダーとする編成である。業務分担は、業務の主担当者は例えばDさんはd、Eさんはe、Fさんはfというように決めたが、d、e、fという複数の仕事をDさん、

図表 3 3 17 チームの再編成

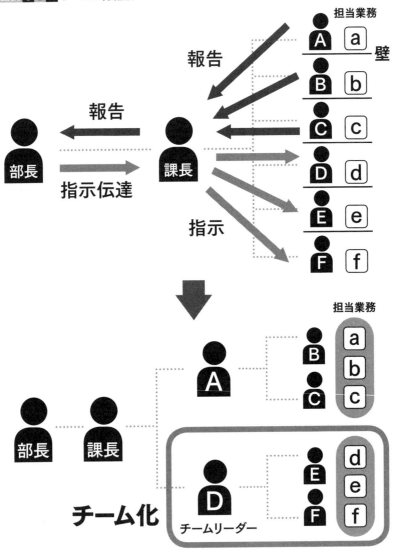

Eさん、Fさんの3人で担当するという考え方である。

これは、お互いに仕事の中身を話しあい、仲間としての議論と助けあいができる形態である。課長はチームに対して仕事の指示を出す。ひとりが1プロジェクトを担当することがなく、個人依存、個人商店化を防ぐことができる。

プロジェクトの計画はチームリーダーを中心に進め、そこに課長も入って問題・課題解決に取り組むようになった。「技術課題の見える化」による未来をとらえた解決の手が打てるようになり、メンバーの負荷の偏りや出図遅れは解消された。

部長と課長のコミュニケーションも、指示伝達と報告だけの会議でなく、模造紙を囲んで顕在化した問題・課題の解決を具体的に討議する段取りミーティングになっている。

業務に直結した実習

マネジャーチームが前述の実習に取り組むあいだ、メンバーチームは仕事状況の現実と未来を見ることを目的に現状の計画の立て方を分析し、「マネジメントへの問題・課題提起」のスタートをきる。

具体的には、メンバー全員で現状の計画帳票を持ち寄り、計画システムの現状と問題を整理する。仕事のやり方とマネジメントの問題・課題を考える活動のスタートである。

現状の計画帳票を見て、そのつながりを段取りの流れ（計画システム）として認識できるメンバーは少ない。計画帳票の流れは計画システムを表し、そこから問題・課題を見つけ出すことができる。これはチームにとって仕事のやり方を見つめ直す

よい機会になる。

　見える化の体験実習で作成したボードは、職場に戻ってからもそのまま使用できる。業務に直結した実習であり、未来志向で仕事の計画を見える化する第一歩となる。

　ただし、あくまでも入門編なので、研修の段階では「未来を先取りした課題解決」まで到達しなくてもよい。また、マネジャーがこの場にいないので、本格的な「技術課題の見える化」は進みにくい。

　ここでメンバーが学ぶのは、仕事の進捗状況や問題・課題を模造紙の上で見える化する方法である。例えば、現時点で問題・課題が見つかれば、後述する「火事マーク」「爆弾マーク」を用いて日程表に示していく。

　マネジャーは、対象チームの計画を見て、そこに問題・課題が明確に認識できなければ対策が打てない。それでは、活動の"ご利益"もない。あえて「火事マーク」や「爆弾マーク」を用いて問題・課題を顕在化させ、マネジャーに解決を促す。これがマネジメント革新のスタートとなる。

自分の内面に起きたことを書き出す

　立ち上げ研修の終わりには、マネジャーチームとメンバーチームがそれぞれ研修のアウトプットを発表する。各チームの持ち時間は10分前後である。

　このとき発表に用いる「見える化ボード」は2種類ある。

　メンバーチームのひとつ目は、プロジェクトの大日程上に、現時点での問題と今後の課題を「火事マーク」や「爆弾マーク」

を用いて見える化したボードである。本格的な「技術課題の見える化」まで進まないことも多いが、なかには「火事マーク」や「爆弾マーク」の内容を図で説明し、技術課題を要領よく見える化するチームもある。

　ふたつ目は「わかったこと・変えること」である。「わかったこと・変えること」はメンバー全員が、2日間の活動を通して得た気づきを付箋紙に書いていくもので、それぞれ3つ以上挙げることになっている。

　図表3-3-18は、ある開発チームが発表した「わかったこと・変えること」である。
　これは自分が理解したこと、認識したことを"腹落ち"させるための発表である。
　立ち上げ研修で学ぶ仕事の進め方は、ほとんどの人が過去に経験がないため、発想を切り換えるのに苦労する。
　自分の感性がとらえたポイントはひとつやふたつではなく、数多くあるはずである。だから、いったん立ち止まって頭のなかを整理し、自分の内面に起きたことを書き出しておく。これは知的ワークの意味理解の訓練である。後述する「マネジメント状況共有会」からは「やったこと・わかったこと・次にやること（YWT）」の3つで発表する。

他チームの発表を聞くことの効用

　マネジャーチームとメンバーチームの発表で注意したい点は、この発表が業務報告ではないということである。慣れないうち

図表 3.3.18 「わかったこと・変えること」ボード

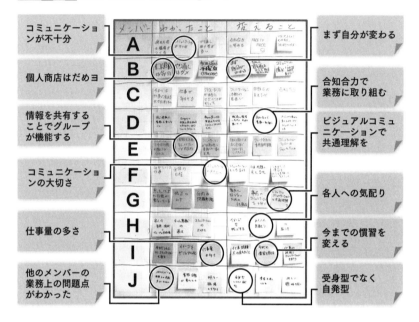

はどうしても、「いま私たちが進めている業務は……」という具合に、仕事の中身について発表してしまう。そうではなく、マネジメントの視点から、自分たちの活動を客観的に解説していくことがポイントになる。例えば「アウトプットについての事前検討が確実に実施できるようになった」など、マネジメント革新の観点から、あくまで仕事の進め方について発表する。

マネジャーチームは、吐き出しの内容を読み込んで整理した内容、コミュニケーション・イベントの再設計、チームの再編成について発表する。これは、メンバーに向けて「仕事の進め方を変えていくぞ」と宣言する場になると同時に、職場に戻っ

[第3章]革新活動のためのインパクト・メソッドプログラム

てから、引き続きマネジメント革新を進めることを約束する場になる。

　発表を聞く他のチームは、その部署の業務内容について初めて知ることも多く、「この職場は大変だなぁ」「思っていたよりずっと悲惨だ」といった感想が聞こえてくることもある。

　チーム内でお互いの吐き出しを見て「あいつも苦労しているな」と他者理解が進むのと同じ効果が見られる。問題を抱える職場のメンバーは「自分のところだけではない」という認識が得られる。

　模造紙の表現、発表のスキル、チームの雰囲気などもお互いの刺激になる。

「このチームは絵がうまい」
「わかりやすい説明だった」
「うちのチームも、次回はもっとうまく発表しよう」

　自分たちのレベルがわかることで、活動に前向きになるチームがある。

　その後、「マネジメント状況共有会」の回数を重ねるごとに、模造紙の使い方やプレゼンテーション・スキルは、全体的にレベルアップしていく。

　役員や部門長は、各チームの発表を真剣に聞いている。
「これだけ発表があるのに、抱えている問題がみんな違う」
「今日の発表を聞き、役員として打つべき手が見えてきた。私も動く」

　そのような感想を述べられることが多い。

3-4 「導入研修」③ 見える化研修

マネジメント革新を助ける基本ツール

　見える化研修は、立ち上げ研修の約1週間後に設定し、マネジャーチームとメンバーチームに分かれて活動する。

　ここでマネジャーチームは、現在の職場状況から仕事の進め方をどう変えていくかをイメージアップする。

　メンバーチームは、立ち上げ研修の2日目に実施した「計画の見える化」をさらに進める。実際のプロジェクトで見える化が困難な点があれば、コンサルタントからアドバイスを受けながら少しずつコツをつかんでいく。スタート段階では、見える化の早期習得と習慣化をめざして、必要な段コミの時間をとってもらうことになる。

マネジャーは成功シナリオを描く

　マネジャーは計画の見える化に先立ち、そのプロジェクトで達成する挑戦目標を掲げておく。最終結果だけでなく、開発プロセスの各節目で実現したい結果である。さらに、その好結果を実現するために取り組む新たな仕事の進め方や、チームマネジメントとメンバーの成長を関連づけて、成功シナリオを描いていく。

図表3-4-1は「実現したい結果」「結果を導く革新する仕事のやり方」「チームマネジメントと人の成長」を表したもので、私たちが「三層図」と呼んでいるものである。

「実現したい結果」は、開発プロジェクトの日程表をベースに、各工程とアウトプットに対して、実現したい結果を明確にしていく。この例にある「設計出戻りなし出図」「出図納期厳守」「主要性能不具合ゼロ」「自部署責任による設計変更ゼロ」など、目標は達成度がわかる具体的な表現で記入する。これらは従来にない結果の実現である。

 次の「結果を導く革新する仕事のやり方」は、上記の結果を実現するために、仕事の進め方をどう変えていくかである。共通することは、アウトプットイメージを見える化し、関連他部署に対して自チームがリーダーシップを発揮して巻き込んでいく仕事の進め方などである。これらも従来にはない仕事のやり方への挑戦である。

「チームマネジメントと人の成長」では、新しい仕事の進め方に挑戦するうえで、チームマネジメントがどのような状態にあり、個人がどのような挑戦目標で成長していくかを表していく。メンバーに向けた「○月までに△△の業務ができるように育ってほしい」という成長目標の設定と、スケジュールへの落とし込みである。

 人は高い目標に挑戦していくプロセスの過程で成長していく。従って、高い目標に挑戦するプロセスに成長目標を重ねることは、メンバーの成長を加速させる取り組みの肝になる。マネジャーは、挑戦プロセスのなかにメンバーの成長目標を設定し、

図表 3-4-1 三層図の基本例

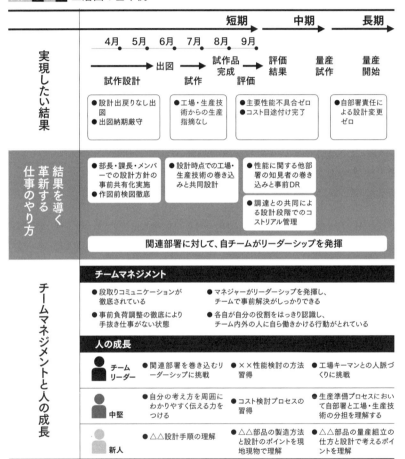

「実現したい結果」では、プロジェクトの日程表をベースに各工程とアウトプットに対して実現したい結果を明確にする。例にある「設計出戻りなし出図」「出図納期厳守」のように具体的な目標を決める。「結果を導く革新する仕事のやり方」は、上記の結果を実現するために仕事のやり方をどう変えていくかである。「チームマネジメントと人の成長」では、新しい仕事のやり方に挑戦するうえで、チームマネジメントがどのような状態にあり、個人がどんな挑戦目標で成長していくかを表す。メンバーへの「成長予告」と実際に成長を重ね合わせていく。

メンバーと"ニギリ"を行う。これがメンバーの成長スピードを早めることになる。

図表3-4-1では要点をまとめて書いてあるが、現実のプロジェクトでマネジャーが「三層図」を作成するのは簡単ではない。活動初期に正しく描けるマネジャーは、およそ半分ほどである。

高い目標を達成するには、これまでの仕事のやり方の延長では実現できない。新しい仕事のやり方に挑戦し、チームやメンバーを成長させていく必要がある。実現したいアウトプットイメージから逆算し、その結果につながるようにチームやメンバーに仕掛けていく。「三層図」は挑戦するマネジャーの頭のなかを見える化したものである。

図のなかで、よく勘違いされるのは「結果を導く革新する仕事のやり方」の部分である。ここで求めているのは、実行することのリストではなく、仕事の進め方を変えていく「革新ポイント」を挙げることである。その挑戦課題に関連づけて、マネジメントの目標と個人の成長を設定していく。

以上のように、マネジャーは、プロジェクトの成果、仕事の進め方、チームマネジメント、メンバーの成長という各レベルでの挑戦目標を意識し、メンバーに宣言していくことが求められる。

Systematization of the plan

計画のシステム化①「大日程」

　ここでは、段取りミーティングで使用する日程ボードの一部を紹介していこう。

　図表3-4-2は、大日程ボードのサンプルモデルで、約10カ月間の計画である。

　このチームでは、型式X、Y、Zでそれぞれ2製品のプロジェクトを進めている。製品a、bですでに問題が発生しており、「火事マーク」で示されている。

　製品c、dでは2カ月先に小さな「爆弾マーク」があり、さらにその2カ月先には大きな「爆弾マーク」がある。すぐに解決の手を打たないと危機的状況を迎えることが示されている。

　同じ時期には、型式XとZでも金型製作、SE図完成など節目のイベントがあり、各担当者はかなり忙しくなると予想される。この時期はチーム全体の負荷が集中し、職場は大混乱状態になることが浮かびあがっている。

　このように「火事マーク」「爆弾マーク」をつけるだけで、先々に迎える職場の状況がおおかたイメージできる。

　ガントチャートなどの線表計画では、節目ごとのイベントと、業務の実施期間が書き込まれる程度で、開発途中に想定される障害やメンバーの負荷状況は現れてこない。

　もっとも、将来の技術ネックや負荷状況は、各担当者の頭の

図表 3 4 2 大日程ボード

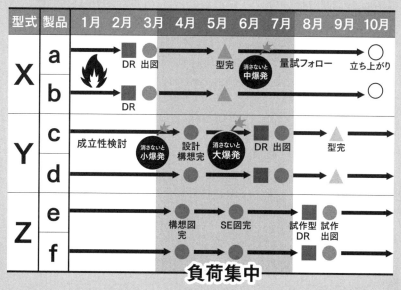

なかではある程度の予想がついていることだ。しかしそれではメンバー内で共有されることがなく、対策は遅れてしまう。

　このように、模造紙にビジュアル的に表現すれば、問題の発生時期がほぼ特定され、将来のチーム状況が実感をともなって想定できる。同時に、負荷量などメンバー全員にとっての問題が浮かびあがってくる。

　模造紙と付箋紙を使って、プロジェクトの工程をできるかぎり見える化し、全員で共有していく意義がここにある。

計画のシステム化②「中日程」

　大日程ボードが完成したら、次に中日程ボードを作成する。
　中日程の対象期間は、標準的には１〜３カ月前後を目安にしているが、プロジェクトの内容や仕事の進め方によって期間の取り方は違ってくる。リーダーが判断して、作業を具体的に決められる期間と考える。
　「中日程ボード」（**図表3-4-3**）は、上図が「作戦ストーリー」で明らかになった各業務を週ごとに貼りつけた中日程作業計画、下図がその業務を担当者ごとにまとめたボードである。
　上図と下図は、貼りつける付箋紙の内容は同じで形式も同じである。右下の拡大イメージにあるとおり、左側に「×××の検討」といった作業内容、右側の上段には作業時間の見積り、下段は、実際に費やされた時間を記入していく。細かい作業内容は次の小日程に表すので、中日程の作業単位は、おおむね１日仕事、半日仕事を目安にする。
　上図の最下段に「負荷量」の欄があるように、中日程では週ごとの時間見積りを合計し、プロジェクト全体の負荷量を計算できるようにしている。この表では11月後半の２週間は、業務が重なり負荷量が増えることがひと目でわかる。
　仮にふたりのメンバーが「プロジェクト１」を担当する場合、１週間の業務時間は時間外労働を除くと最大80時間となる。

図表 3 4 3 中日程ボード

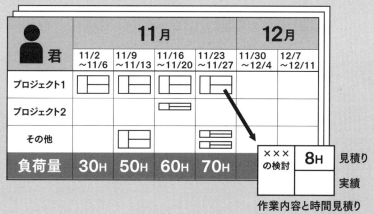

もし時間見積りの合計が、80時間を超える週があれば、それ以前の週に作業の一部を進めておくことや、他のチームから応援をもらうなどの対策が事前に打てるようになる。
　当該期間に入ってからは、完了した作業の付箋紙に×印をつけるなどの消し込みを行い、プロジェクトの進捗が視覚的にわかるようにする。また、ボードは消し込みによって、上司や周囲の人に向けた作業完了の報告を兼ねるようになる。
　仕事の進み具合を見ながら、作業が書かれた付箋紙を移動させるなど、日々の更新を確実に実施していくことも大切である。中日程の作業計画に限らず、状況に合わせて計画を変更するフレキシビリティはつねに保っていたい。
　チーム内では、同時に複数のプロジェクトが進行するので「プロジェクト1」「プロジェクト2」「プロジェクト3」……の中日程作業計画も同時につくられる。
　メンバーは、複数のプロジェクトを掛け持ちすることもあるので、次にそれぞれの作業計画を作成する。
　図表3-4-3の下図は、上図と同時期を対象とした個人の作業計画である。このメンバーは「プロジェクト1」と「プロジェクト2」に参加し、それ以外の業務もある。1段目の「プロジェクト1」に関する各作業は、上図に貼られた付箋紙のうち、このメンバーが担当するものである。
　一番下には、その週に発生する作業の時間を合計し、予定し

ている負荷量を記入していく。プロジェクトごとの中日程作業計画では、見えていなかった個人の負荷量が、ここで明らかになる。個人の作業計画を作成する過程では、負荷の偏りなど新たな問題・課題が見える化されてくる。

　マネジャーとリーダーは見える化された問題・課題の解決に次々と手を打っていく。必要と判断すれば、メンバー全員が知恵を合わせて対応に努める。また他の作業とのタイミング、仕事の優先順位などについても、プロジェクト進行をイメージして検討していくことが重要である。

計画のシステム化③「小日程」

　中日程で個人の作業計画が完成すると、次に時間軸を1週間にして、個人ごとの週間作業計画をつくる。その週に進める作業について、どの順序で、いつやるか、などの具体的な行動レベルで検討していくものである。

「小日程ボード」（**図表3-4-4**）は開発メンバーが用いる個人の小日程表である。個人ではＡ３用紙もしくはＡ４用紙を使うのが一般的だが、メンバー全員分を一覧できるように模造紙ボードを使うこともある。

　1段目の「計画」欄に並んでいるのは、「中日程ボード」（**図表3-4-3**）の「プロジェクト１」「プロジェクト２」「その他」に貼られた作業を分解し、さらに細かい作業に落とし込んだも

図表❸4-4 小日程ボード

個人別週間作業計画

👤	月	火	水	木	金
計画	▭	▭	▭▭	▭▭	▭
突発					
負荷量	5H	6H	7H	4H	2H

A3もしくはA4の紙に時間軸にそって、個人の必要作業枠と突発業務枠を設けている。

のである。中日程の付箋紙は「1日仕事」「半日仕事」が目安だったが、小日程では1枚の付箋紙に、2時間前後で完了する作業を書きこむようにする。

「計画」の下には、後述する「突発」欄が設けられている。

週間作業計画は、メンバー各人が頭のなかを整理する段取り訓練のツールとしても効果的である。作成するなかで作業内容、仕事の進め方、優先順位、突発業務への対応などが明らかになっていく。

初めのうちは、計画どおりに進まない、見積りと実施時間の差が大きいなど、うまくいかないことも多いが、思考の仕方、仕事の組み立て方に関する振り返り訓練を重ねれば、精度は上

がっていく。

　ポイントは、1週間の終わりに、しっかり予定と実績（予実）をチェックすることである。予実の差が大きければ、計画の立て方や仕事の進め方を見直す材料となる。

　マネジャーとリーダーは、1枚の計画表が終了するごとに、必ず予実分析を実行するように指導していく。

　個人の週間作業計画になると、パソコンのスケジューラーを利用するチームも多いだろう。この場合でも、本人任せにするのではなく、マネジャーとリーダーが積極的に個人の計画と実行にかかわっていく姿勢が求められる。

計画のシステム化④「突発ボード」

　チームの再編成と見える化が終わり、マネジャーが自ら動きはじめても、プロジェクトが計画どおりに進まないことがある。そのようなチームは、「突発業務」への対応が誤っていることが多い。計画外の業務は必ず発生するもので、計画のヌケ・モレ、急な打ち合わせなどがそのおもな原因である。

　突発業務の多くは、自分たちのチーム以外の要素からも起こりやすい。マネジャーとリーダーがどれだけ課題の掘り起こしに知恵を絞っても、これは避けにくい。

　例えば他部署からの依頼は、個々の担当者に直接連絡がくることがある。マネジャーやリーダーに相談することなく、各担

当者の判断で対応していると、プロジェクトの計画からズレてくるのは当然である。仕事の進め方を事前解決型に改めても、突発対応が場当たり的では、計画の目的が果たせなくなる。

　この問題を解消するには、突発業務への対応も、事前解決型に変える必要がある。「突発」と「事前」は一見すると矛盾するように見えるが、不可能ではない。

　インパクト・メソッドでは、突発対応にも、**図表3-4-5**のようにマネジメントの観点を入れている。

　図中の上部①は、「突発業務の見える化ボード」（以下、「突発ボード」）と呼ばれるツールである。ここには案件名や内容を書いた付箋紙が、担当者によって貼り出される。関連するメールのプリントアウトがあれば、それも貼る。

　マネジャーとリーダーは、これらの案件を段コミのなかで検討して、「対応する」「対応しない」「他部署に頼む」などの判断を下していく。チーム内で対応することになった案件は、業務内容や負荷量から判断して担当者を決めていく。その際は、通常業務も含めて負荷調整していく。

　右の写真は、ある開発部署で10年以上にわたって活用されてきた突発ボードである。他部署からの依頼など、突発業務が発生した担当者は、このカタログ用ラックに案件を差してチーム内で共有する。その際は、「着手」「未着手」の区別をつけている。

図表 3 4 5 突発業務への対応

❶ 見えるようにしてマネジマントが入るようにする

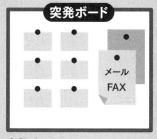

突発ボードで
突発業務を見える化

「突発業務の見える化ボード」事例

❷ 計画のなかに突発枠を取る

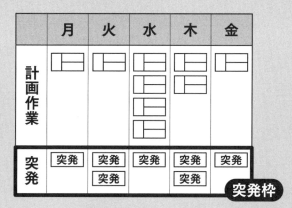

第2のポイントは、「突発は空けて待つ」である。図の下部②に書かれた個人別の作業計画には、表のなかに「突発」という欄を設けてある。その日に処理した突発業務があれば、各人が付箋紙に書いてここに貼っていく。

　メンバーは週間計画を立てる際に、突発業務に当てる時間、いわば「突発枠」をあらかじめとっておく。予定された「計画業務」で、1日の就業時間をいっぱいにすることは避ける。経験則からいえば、活動当初の突発業務は、業務全体の3割以上を占めている。つまり1日8時間労働であれば、約5時間強が計画業務であり、残りの3時間弱が突発業務という割合になる。この突発枠を設けておかないと、計画業務にしわ寄せが出て、どんどん遅れるようになる。

　突発業務の事前解決化は、「マネジメント判断を入れる」「組織で対応する」によって実現可能である。

革新活動を継続するための イベント①マネジメント状況共有会

PDCAサイクルをまわしてレベルアップする

　インパクト・メソッドでは1カ月に1度、各チームが集まって活動の進捗と職場の変化を発表する場を設けている。それが「マネジメント状況共有会（以下、「マネ共」）」である。

　マネ共は、PDCAサイクルの一環としてとらえることができる。

　仕事の進め方がうまい人は、頭のなかでPDCAサイクルが機能しているものである。特にCのチェックとAのアクションが、他の人よりも優れている。実績を振り返り、改善する行動で手を抜かない。

　仕事の進め方がまずい人は、たいていP（プラン）とD（ドゥ）だけをくり返す「PDPD」の状態に陥っている。さらに、忙しさに追い立てられるとPもなくなり、ひたすらDだけになってしまう。

　このことは個人だけでなく、組織にもあてはまる。PDCAサイクルの重要性は理解しながらも、最後までうまくまわしきれている組織は意外と少ない。

　仕事の進め方がうまいチームは、必ずいったん立ち止まり、自分たちの活動を振り返る時間をとる。そして、仕事の進め方で悪い点を見つけだし、よりよい進め方へと改善する。仕事の進め方がうまい個人と同様、CとAに強みを発揮するのが学習

する組織、成長する組織の特徴である。

インパクト・メソッドでは、このCとAに相当するイベントを活動プログラムに組み入れている。チームによる振り返り学習と、月に1度のマネ共である。

そのCとAの間に「共有」という段階を設けたのが、マネ共である。各チームのマネジメント状況を発表することで、そのチームの仕事の進め方が「公然化」され、チームの振り返り学習で得た気づきなどの「財産」、チームに確認された「変化と成果」を互いに共有していく場である。

A（アクション）では、仕事の進め方に対する改善を実行する。翌日から挑戦する新しい仕事の進め方、マネジメントの仕方などを決めて取り組んでいく。

インパクト・メソッドの活動は、以上のように、PDCAサイクルにあてはまるかたちで進んでいく。次は、Cのあとにある「共有」の具体的な活動内容を見ていこう。

革新活動の途中経過を
他チームと共有する「マネ共」

「マネ共」は、立ち上げ研修の約1カ月後から月1度のペースで開かれる。通常は丸1日をかけ、チームごとに活動内容と結果、その振り返りを発表していく。さらに、発表内容に対して部長（役員参加の企業もある）やコンサルタントからコメントがあり、それを踏まえて、次の活動でどこを改善していけばいいか、取り組むべき内容を検討する。

写真3-5-1は「マネ共」の発表風景である。

[第3章]革新活動のためのインパクト・メソッドプログラム

写真 3 5 1 マネ共での発表の様子

「マネ共」では、各チームのマネジメント状況を公然化し、互いの進捗を確認する。そのなかで優れた人材の発掘もある。

チームの活動内容について、実際の段取りミーティングで使用した「日程ボード」「突発ボード」「作戦ストーリー」などを紹介し、その１カ月間で仕事の進め方がどれだけ進歩したかという観点で発表していく。マネジメントのうえで大きな変化が現れたら、それについても忘れずに発表する。

個人の成長がわかる
「やったこと・わかったこと・次にやること」

　マネ共では発表の最後に、個々のメンバーが「やったこと・わかったこと・次にやること（以下、「YWT」）」を発表する。立ち上げ研修での「わかったこと・変えること」と考え方は同じだが、個人の振り返りが初めにプラスされている。

　担当者は業務の結果を出すなかで、仕事の進め方について新たな発見がいくつか出てくる。例えば、以下のようなものである。

「課題の事前検討がうまくいき、納期を守ることができた」
「コミュニケーションがまだ不足ぎみで業務の進め方を納得できないまま仕事を進めたので、やり直しになってしまった」

　計画と結果の差異を評価することで、活動のメリットを実感できた点、さらに改善の必要を感じる点などが浮かびあがってくる。実際にやってみて何がよかった、何が悪かった、という気づきがいくつも得られる。そこから、個人的に次の仕事で改善に取り組むポイントを決める。それが「やったこと・わかったこと・次にやること」の発表内容である。

YWTは業務報告ではないので、あくまでマネジメントの観点から自分の活動を振り返って語る。「やったこと」は、自分が工夫した仕事の進め方である。「わかったこと」は、その工夫を通して得た新たな認識である。気づきは、これまで自分がもっていた価値観とは違うところで起こるのがよい。そこに価値観の広がりや向上がある。
「次にやること」は、仕事の進め方について、次の1カ月で挑戦する改善すべき仕事の進め方である。
　このYWTは、個人の改善意欲や取り組み姿勢がはっきりと現れる。また、メンバー1人ひとりが、どれほどのレベルでPDCAサイクルをまわしているかをつかむことができる。

マネ共を通じて個人とチームの成長を実感する

　インパクト・メソッドの活動が進み、「マネ共」の回数を重ねていくと、YWTの変化を追うことで、個人の成長が確認できる。成長の度合いに個人差はあるが、全員の成長が集積してチームの成長が進んでいる実感が得られる。
　実際、活動時間が経過するとともに、大きく成長するチームが現れ、そのなかで仕事の考え方が劇的に変わったメンバーが出てくる。同時にスタートしたチームが、マネ共でお互いの成長や変化を見ることは、活動の参考になるだけでなく、大きな刺激となって次の成長に向けての原動力になる。
　活動初期には、YWTとは別に「コミュニケーションについて変えたこと・変わったこと」もメンバー全員に書いてもらう。コミュニケーションは全活動のベースになるので、初期段階は

コミュニケーション革新を確実に進めるように意識を高めていく。

また、最近はYWTのあとに「自分にとってのメリット」という項目も設けている。1カ月の活動を通して「自分の役に立った」「メリットを感じた」というポイントを書いてもらう。

これが、マネ共でのおもな発表内容である。

チームの振り返り学習と発表資料づくり

メンバーは発表に先立って、各職場で振り返り学習を実施する。その検討結果からマネ共で用いる発表資料を作成していく。

「もう少し細かく段取りをしないとスッキリしない」

「他に抱えている仕事をもっと明らかにしないと、負荷が見えてこない」

そのように、1カ月間の活動で気づいたよかった点、悪かった点を模造紙に書き出して、整理する。

振り返り学習は、成功も失敗も数多く出るほうが、チーム内の状況共有が進み、次の活動につなげやすい。そして、自分たちの取り組みが客観視され、チーム内は活性化してくる。さらに、この振り返り学習は、チームワーク革新の一環でもある。

多くのチームは発表の前日に、振り返り学習と資料づくりに取り組むが、資料づくりは、大きな白紙の模造紙にみんなで書くという決まりを設けている。

もしアウトプットがＡ４サイズの報告書や、パソコンのプレゼンテーションソフトで作成できるものだと、誰かひとりに資料づくりを任せて終わり、という方式になりがちだからである。

チームみんなで取り組むことにより、PDCAサイクルのCはチームワーク革新に結びつけることができる。

マネジメント状態の公然化

毎月のマネ共は、部長にとって、チームの状態が把握でき、次の打ち手が見えてくる場である。課長にマネジメントの指導ができ、チーム全体を叱咤激励するきっかけになる。裏返せば、課長やメンバーにとっては、部長や開発トップに自分たちが直面する問題や課題をアピールし、支援を求める場にもなる。

振り返り学習で得た数々の気づきはチームの「財産」となり、全チームが自分たちの財産を見せあい、組織で共有していくことも大きな狙いのひとつである。そこでは学習するチームから、学習する組織へと成長の規模が拡大していく。

マネ共では、他人からは見えにくい成果や成長も発表される。例えば、「自分のなかに新しい価値観が生まれた」「技術検討の能力や他部署と調整する力を身につけた」などの変化だ。

発表ではそのような内面の変化も率直に語ってもらうことで、発表を聞くマネジャーはメンバーの成長を確認することができる。

人材発掘、プレゼンテーション訓練

月に1度の発表は、各人の新たな一面をアピールする場にもなる。発表の場でリーダーシップを発揮する人、話し方や表現が巧みな人、ボードの使い方が上手な人など、意外な一面が発見できる。

また技術者は、営業担当者などに比べてプレゼンテーションの機会が少ないため、発表によって、プレゼンテーションのスキルが向上していく人も見られる。プレゼンテーションの訓練としても成果が得られる。

　以上が「マネ共」の目的や狙い、組織が得られるメリットである。

Another Point

活動の進展と「成果と成長」をとらえる

　私たちは約1年間の指導を進めながら、各チームがどのような成果を出し、どのように成長しているかを絶えず意識している。

　同じ活動プログラムを進めても、チームの成果と成長には違いがあり、仕事の進め方とチーム状況の変化、個人とチームの成長には差が生じてくる。

　第2章で説明したように、私たちは成果とは「好結果＝目標達成」と「目標達成に向かう好変化」と考えている。成長とは、「目標達成に向かう好変化」と言い換えることができる。

　図表3-5-2は、コンサルタントから見たチーム成長を表したイメージ図である。横軸が活動時間であり、縦軸が「成果と成長」となっている。

　インパクト・メソッドでは、チームの「成果と成長」には3つのフェーズがあり、それぞれに取り組む期間も3段階でとらえられる。

　第1フェーズでは、チームの日常基盤を確立させることに重点が置かれる。第2フェーズでは、日常基盤が確立したことで、プロジェクトマネジメントの革新が実現される。第3フェーズでは、チームの日常が経営戦略、経営計画と融合するレベルまで達する。

図表 3 5 2 チームの成長

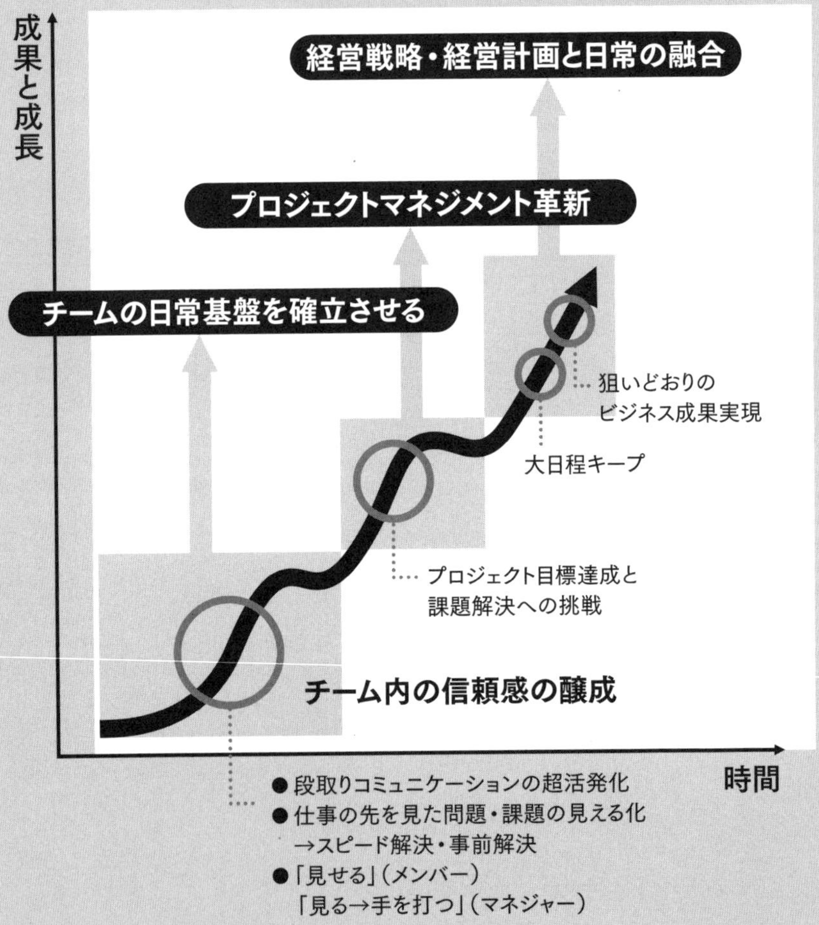

経営戦略・経営計画と日常の融合

プロジェクトマネジメント革新

チームの日常基盤を確立させる

成果と成長 ↑

狙いどおりの
ビジネス成果実現

大日程キープ

プロジェクト目標達成と
課題解決への挑戦

チーム内の信頼感の醸成

→ 時間

- 段取りコミュニケーションの超活発化
- 仕事の先を見た問題・課題の見える化
  →スピード解決・事前解決
- 「見せる」（メンバー）
  「見る→手を打つ」（マネジャー）

まずは日常基盤を確立する。これがその後のベースになるため、重要なフェーズである。日常基盤とは、次の3点がポイントになる。

①段コミの超活発化
　職場内で段取りコミュニケーションが定着し、活発化していく。「個人分業と個人依存」からの脱却、コミュニケーション革新の進展が確認される。

②仕事の先を見た問題・課題解決の見える化
　→スピード解決・事前解決
　段取りコミュニケーションによって、問題・課題への対応遅れや事後解決がなくなり、スピード解決と事前解決が日常の業務に定着していく。プロジェクトの進行は計画どおりになり、メンバーの負荷も軽減されてくる。
　この頃から「すっきりボード」（199ページ参照）の疲れた君シールが減り、元気君シールが増えるようになる。プロジェクトの成果だけでなく、負荷量やメンバーの内面にも、問題・課題解決革新が進んだ結果が表れてくる。

③「見せる」（メンバー）、「見る→手を打つ」（マネジャー）
　仕事の未来を先取りすることで、多くの課題が見えてくるよ

うになる。メンバーは仕事の未来や自分の内面を積極的に見える化するようになり、マネジャーはそこから仕事の進め方をよりよく変える手だてを打てるようになる。

　チームの日常基盤が確立する頃には、チーム内ではお互いの信頼感が醸成されてくる。マネジャーからメンバーへの信頼、メンバーからマネジャーへの信頼、メンバー間の信頼が築かれる。このような状態になることを「日常マネジメント岩盤形成」と私たちは呼ぶ。日常基盤が確立したことで、チーム体制が強固になったことを「岩盤」という言葉で表現している。

　会社がどれだけ高い目標を掲げても、各職場の日常基盤が強固でないと、ビジネス成果は期待できない。私たちがいう「日常岩盤」は、いわゆるチーム力の土台を形づくっている。

Another Point

すっきりボード

　インパクト・メソッドでは、3大慣習で疲弊した職場を「疲れた君職場」と呼んでいる。一方で、仕事がスムーズに進みマネジャー、リーダー、メンバーがいきいきと働く職場を「元気君職場」と呼んでいる。

　そのような職場状況を見える化するツールが「すっきりボード」（**図表3-5-3**）である。メンバーは毎日、自分の疲れ具合や精神状態を省みて、ボードに「元気君シール」や「疲れた君シール」を貼っていく。ボードは職場の目立つところに置き、メンバー全員で共有する。遠目に見ると、職場内がどんな状況にあるか、一目瞭然である。

　職場には「自分だけが忙しい」「他のメンバーは楽をしている」と思いこんでいるメンバーもいる。このすっきりボードを置くと、「疲れているのは自分だけじゃない」「他のメンバーも大変なんだ」とポジティブな気持ちになれる。

　お互いの仕事状況とメンタルに対する理解が深まれば、チーム内のぎくしゃくした空気はしだいに解消され、チームワークを発揮する土台ができ上がる。

図表 3 5 3 すっきりボード

あるチームが実際に使用したボード

元気君

疲れた君

メンバーが毎日の心身状態を模造紙に貼っていく。下図は、あるチームのおもなメンバーの活動中の状態推移をまとめたもの。

■元気君　■疲れた君　╱普通

革新活動を継続するための
イベント②革新検討ミーティング

マネジャー全員でマネジメント上の
問題・課題を議論する

　マネ共と個別相談会では、各チームの問題・課題、その解決状況が明らかになる。第2回マネジメント状況共有会の終了後に行われる第1回目の革新検討ミーティングでは、コンサルタントとマネジャーがその内容についてディスカッションし、さらに他チームのマネジメント課題についても考え、活動の方向性を議論する。

　第1回、第2回のマネ共で公然化した各チームの状況は、マネジャー全員に共有されている。他チームの活動について議論することは、自分自身のマネジメントを考える訓練になり、成長にもつながっていく。同時に、マネジャー同士で議論することは、組織全体の革新活動へとつながっていく。

　ここで問題となるのは、仕事の質と量を保証するために解決していく問題・課題が、計画ボードにしっかり現れているか、という点である。そこで顕在化する問題・課題には2種類ある。ひとつは、技術課題の方針や負荷対策の打ち手など「実業務」の問題・課題、もうひとつは、コミュニケーションやチームワークなど「マネジメント」の問題・課題である。

　特にふたつ目は、正しく手が打てないと本質的な革新につな

がらない。

　これらの問題・課題解決には、マネジャーが「自人称」で解決の行動をとることが重要になる。またマネジャーは、立ち上げ研修でメンバーが出した不平不満を深掘りし、どのように問題・課題解決行動につなげるかを真剣に考えなければならない。

マネジャーはつねに組織のあるべき方向を描き、チームの進むべき方向を示す

　革新検討ミーティングの第2回目は、活動スタートから4カ月以上が経過した時点で実施する。その頃にはメンバーが段コミにも慣れ、日常的な仕事の進め方が本格的に変わりはじめている。インパクト・メソッドでいう「日常マネジメント岩盤」が構築される時期である。

　あるいは、チームの成長が速く、次の活動フェーズに進むところもある。開発プロジェクトのQCDにコミットする「プロジェクト岩盤」である。

　マネジャーはチームの革新レベルを把握し、つねに一段高い状況を考えて「次は何に挑戦するか」とメンバーに仕掛けていく姿勢を求められる。それが、活動のエネルギーを停滞させない取り組みの肝となることを確認する場である。

　さらに、インパクト・メソッド導入から時間が経つと、段コミなどの活動が目的化するチームが出てくることがある。活動はあくまでチームの問題・課題解決が目的であり、考え方や進め方はその手段であることも確認する。

革新活動を継続するための
イベント③中間発表会

日常基盤を固め、
活動スタート時からの成長を振り返る

　これまで見てきたように、日常的なマネジメントの基盤が確立するまでは、仕事の進め方とマネジメントを徹底的に変えていくことになる。「日常マネジメント岩盤」の確立とは、第2章で解説した3つの革新が、日々の業務に根づくことだと言い換えられる。

　図表3-5-2の矢印が示すように、チームの成長はつねに右肩上がりで進むとは限らない。活動が停滞し、伸び悩む時期もあれば、その壁を乗り越えて飛躍的に成長する時期もある。

　特に第1フェーズは、メンバーは活動成果を日々実感できるが、その一方で、革新にともなうストレスや手詰まり感が生じやすい。マネジャーとチームの取り組みによって、「成果と成長」に差が現れるのもそのためである。

　第1フェーズを突破するまでの期間は、早いチームでも4カ月はかかり、標準的には6カ月が目安となっている。

　チームの日常マネジメント岩盤が確立したと判断すると、コンサルタントは翌月の「マネ共」で中間発表をするように指導している。

　通常の発表では、1チームの持ち時間は15分前後であるの

写真 3 7 1 中間発表会の様子

中間発表は、第1フェーズの「日常マネジメント岩盤形成」から、第2フェーズの「プロジェクト岩盤形成」に移るタイミングで開かれる。1チームあたり30分の持ち時間で、職場のマネジメント状況がどう変化してきたかを説明する。

に対して、中間発表は30分である。これまで作成してきたボードをすべて並べ、自分たちの活動プロセスを説明していく。

発表では、初期のチーム状況を改めて絵に表して紹介する。立ち上げ研修で作成した「マネジメント・スタイル図」などのアウトプットともあわせて、自分たちがどのようなチーム状況から出発したかを振り返る。

6カ月ほど経過し、新しい仕事の進め方が定着してくると、過去のチーム状況は忘れがちになる。以前から職場の日常マネジメント岩盤ができていたかのように錯覚してしまう。そうなると、自分たちの成長が感じられなくなる。だから、スタート

から6カ月のタイミングでいったん立ち止まり、自分たちの足跡を確認すると、その変化成長の大きさが改めてわかるのだ。自分たちの成長を実感し、そこからまた次の段階に進む勢いをつけるという狙いが中間発表にはある。

　また、中間発表は、開発担当役員や他部門の幹部も聞きにくる。活動初期段階から順を追って説明することで、個人の成長とチームの成長が強くアピールできる場にもなる。

プロジェクトの成功と個人の成長にフォーカス

　中間発表会のあと、チームは第2フェーズに入り、プロジェクトマネジメントの革新を強く意識して活動を進める。

　活動当初から、マネジャー主導によるチームで実現したいことのイメージづくりには取り組んできた。しかし中間発表会までは、日常マネジメント岩盤に集中しているので、プロジェクトのほうはヌケ・モレがあるなど、達成度はまだ低い水準にある。ここであらためて、プロジェクトマネジメントをテーマに掲げ、本格的に取り組むことになる。

　マネジャーとメンバーは、プロジェクトの具体的成果と目標達成に向け、問題・課題解決を実践していく。さらにチーム状況のレベルアップを図るのが後半戦である。この第2フェーズが「プロジェクト岩盤」の形成である。

　第2フェーズ以降は、個人の成長にフォーカスするのも特徴である。日常マネジメント岩盤ができるまではチーム全体のレベルアップに力を注ぐが、ここから先は個人の成長がクローズアップされてくる。

革新活動を継続するための
イベント④飛越式（卒業式）

自らの意思と行動で革新活動を進める決意を示す

　約1年間の活動は、第2フェーズの終わりまで到達するのが通常の目安である。中間発表からさらに6カ月間で、プロジェクトの高い成果を得るレベルまで活動を進めて卒業を迎える。

　このとき開かれる「飛越式」は、学校行事にたとえれば「卒業式」にあたる。ただし実際のプロジェクトがそのタイミングで終了するとはかぎらないため、活動開始から1年後という開催時期は、あくまで目安の水準としている。自動車開発などの長期プロジェクトでは、卒業後しばらく経ってからプロジェクト成果を確認することもある。

さらなる発展にむけた活動のスタート

　「飛越式」は活動の終了ではなく、各職場でさらに発展させるためのイベントである。その意味から「飛越式」と命名している。

　飛越式での発表は、中間発表と同様に、チームの初期状態から順を追って、これまでの経過を説明していく。1チームの持ち時間は30分で、全体では丸1日をかけたイベントとなる。インパクト・メソッドの活動プログラムで、最も盛り上がりを見せる場面である。

[第3章]革新活動のためのインパクト・メソッドプログラム

写真 3 8 1 飛越式の様子

飛越式(卒業式)は、丸1日をかける大きなイベントである。1チームあたり持ち時間30分で、マネジメント状況の変化を説明する。

　写真3-8-1は飛越式のひとコマである。1チームで紹介するボードは20枚から25枚になり、出図日程の厳守率、期間短縮、突発率、負荷変動などの数値データやグラフも作成する。自分たちの全活動を振り返り、成長をアピールする場なので、メンバーの発表にも力が入る。資料づくりなどの発表準備に数日前から取り組むチームも珍しくはない。

　開発担当役員や関連する部門長も、丸1日がかりの飛越式に参加し、全チームの卒業発表を熱心に聞き、メンバーに多くのコメントを与える。企業によっては、開発部門をあげての大イベントになる。

　インパクト・メソッドは、時間が経過すれば必ず卒業できるというものではない。参加チームのなかには、卒業のレベルま

写真 3-8-2 活動の記録となる「見える化ボード」

これまで作成した「見える化ボード」が、活動の記録となっている。

で到達できずに１年間の活動が終了するケースもある。その後に補習や補講を経て、卒業するチームもある。

　飛越式から先の第３フェーズは、ビジネス成果をターゲットにした活動になる。「日常マネジメント岩盤」「プロジェクト岩盤」の次にくる「ビジネス岩盤」の形成である。

　これは卒業後のため、マネジャーを中心に各チームが自主活動で進めていく。

　ポイントだけ紹介しておくと、大日程のキープと狙いどおりのビジネス成果を達成することが目標となる。問題・課題は、実現したい目標がなければ見つけられない。飛越式後もチームで実現したいこと、挑戦していくことを明確に描いていく必要がある。

第4章 革新のために欠かせない「型」「心」「格闘」

インパクト・メソッドでは、マネジメント革新の成功に必要な要素を「型」「心」「格闘」の3つであると定義している。しかし、いくら「型」（＝実践的な手法）を習得し、「心」（＝正しい価値観）を身につけても、「格闘」（＝問題・課題を解決するために闘うこと）の実践なくして、マネジメント革新の実現はできない。

　まず「型」、そして「心」、最後に組織や人のスピーディーな成長のために最も重要な「格闘」について説明して、インパクト・メソッドの解説を締めくくりたい。

革新実現のための新しい着眼点と実践手段

「型」「心」「格闘」とは何か

　前章では、インパクト・メソッドのプログラムに沿って、約1年間の基本的な活動内容を解説した。開発職場が3大慣習から脱し、「好結果を生みだす職場」へと変化していくプロセスがイメージできただろうか。「日常マネジメント岩盤」の構築から始まり、「プロジェクト岩盤」「ビジネス岩盤」とより高い活動のフェーズに進むなかで、確実に成果を出し、個人と組織が成長するプロセスである。

　職場のマネジメント革新は、活動の進め方や手順を理解すれば実現できるほど容易ではない。私たちはこれまでの経験から、成功する革新活動には3つの要素があると考えている。それは「型」「心」「格闘」という言葉で表現できるものであり、それぞれを定義すれば以下のようになる。

・型＝個人とチームが身につけるべき、革新実現のための手段を指す。具体的には「コミュニケーション」「問題・課題解決」「チームワーク」を着眼点として進める3つの革新、「見える計画」や「段取りコミュニケーション」のような革新実践手法のこと

図表 4-1-1 成功するための3つの要素

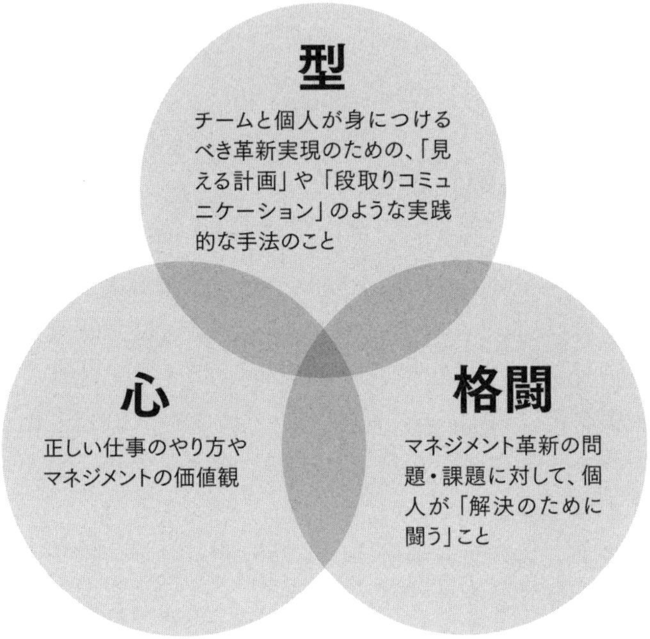

型
チームと個人が身につけるべき革新実現のための、「見える計画」や「段取りコミュニケーション」のような実践的な手法のこと

心
正しい仕事のやり方やマネジメントの価値観

格闘
マネジメント革新の問題・課題に対して、個人が「解決のために闘う」こと

・心＝正しい仕事のやり方やマネジメントの価値観。「型」は「心」に裏づけされた実践が必要である。

・格闘＝マネジメント革新の問題・課題に対して、個人が「解決のために闘う」こと

　そして、インパクト・メソッドの活動、すなわちマネジメント革新は、次のような方程式によって成功すると考えている。

マネジメント革新＝「型」×「心」×「格闘」

　インパクト・メソッドの一般的なチーム成長では、初めに「３つの革新」「段コミ」「見える計画」などの基本的な考え方や手法を学び、その実践を通して根底にある仕事のやり方や価値観を理解し、仕事の成功体験により価値観転換が図られる。高い成果を実現するためには、従来にない仕事のやり方やマネジメントの仕方が必要になり、新たな価値観に基づいた課題解決にはこれまでとは違った行動が要求され、個人と組織の「格闘」が必要になる。
「型」の習得、「心」の理解、そして「格闘」の実践によってマネジメント革新が実現するのである。

　高い成果が出るチームは、この「型」×「心」×「格闘」の方程式が短期間のうちに起こる。マネジメントの感度が高いチームは、３カ月も経たないうちに、マネジャーとメンバーが問題・課題解決のために挑戦する「格闘」が起こる。職場の変化はそれによってさらに加速し、新たな「格闘」を経験することで、さらに深く「心」を理解する。
　反対に成果が出ないチームは、活動に１年以上をかけても、手法や技法の「型」を理解する程度にとどまり、「心」や「格闘」の領域までは進まない。正しい仕事のやり方やマネジメントの価値観が理解できずに、マネジメント革新は実現できないことになる。

インパクト・メソッドは"魔法の杖"ではなく、活動に取り組めば、必ず成果があがるわけではない。マネジメント革新は、個人と組織が、自分たちの成長に向けて挑戦し、格闘しなければ、成功しない。

「3つの革新」がマネジメント革新成功の着眼点

私たちが考えるマネジメント革新の基本理論では、「コミュニケーション不全」「個人分業と個人依存」「あいまいなスタート」の3大慣習を断ち切るために、「段コミ」や「見える計画」を手段とする「3つの革新」を進めることになる。

まず、日常業務のマネジメント領域に着目し、仕事のやり方やマネジメントの仕方を変えていく。具体的には、段コミを通じて日常業務の正しい段取りを行い、「見える計画」によってプロジェクト上の問題・課題を顕在化していく。そして、顕在化した問題・課題に対してマネジャーが手を打ち、チーム全員で知恵を出しあって解決する状況を実現する。

そのように日常マネジメントが盤石になれば、プロジェクトの進め方やマネジメントは大きく変わる。さらにマネジメントの対象領域を広げていくと、関係部門を巻き込んだプロセス革新やコストダウンなどにも挑戦できるようになる。

私たちがよく目にするのは、日常業務のマネジメントを飛ばして、いきなりプロセス革新に取り組むケース、あるいはタスクフォース型のマネジメント革新に取り組むケースである。このような革新活動は、発表会などでは華々しい成果が披露され

るものの、数年経つと以前の状態にあと戻りすることが多い。正しい仕事のやり方やマネジメントが血肉化することなく、職場の体質はそのままで、表面的な活動に終わっているのである。

インパクト・メソッドが、日常マネジメントに焦点を当てるのは、「ビジネス成果というものは、盤石な日常マネジメント岩盤の上に成り立つ」と考えているからだ。そのため「３つの革新」がマネジメント革新の基本形、すなわちマネジメント革新の着眼点となるのである。

「３つの革新」なきマネジメント教育は失敗する

職場が３大慣習などの問題を抱える理由のひとつに、マネジメント教育の問題がある。おもに座学による教育研修はあっても、それは管理者として必要最低限の知識を身につけることが中心である。マネジメントを学ぶ場合も知識や理論に偏り、現実に職場が抱える問題を取り上げることは少ない。

座学の教育を受けたマネジャーが「知識や理屈は頭に入っても、職場に戻ってから実際にどう行動すればいいかはわからなかった」とよく話すように、実務に直結しない状況が見受けられる。

そのためか、マネジメント教育を重要視しない人もいる。経営者のなかにも「優れた上司の背中を見て育つのが一番」「泳ぎを覚えさせるには海に突き落とすのが手っ取り早い」という考え方は根強い。理論よりも実践という考え方は否定しないが、それでは一人前のマネジャーに育つまでに時間がかかる。また、優秀なマネジャーに育つかどうかは、本人や環境によるところ

が大きく、平たく言えば歩留まりは悪い。

　理論や知識の習得も重要であるが、幹部クラスになって「マネジメントとは何か？」と問われて、即座に答えられないようでは困る。

　私たちのマネジャー研修や立ち上げ研修に参加し、「初めて正しいマネジメントの考え方を教わった」と感想を述べるマネジャーは意外なほど多い。そのなかには、管理職になって10年以上のベテランもたくさんいる。それまでマネジメントを学ぶ機会、本気でマネジメントについて考える機会がなかったとすれば、職場の問題・課題に気づかないのも無理はない。

　そのようなマネジャーに、「３つの革新」を理解してもらう意義は大きい。なぜなら、「コミュニケーション革新」「問題・課題解決革新」「チームワーク革新」は、正しいマネジメントの基本となるフレームワークだからである。

　マネジメント革新の理論は数多くあるが、私たちの経験からいえば、「３つの革新」を外して成功することはない。改めて「３つの革新」を着眼点に置くことを肝に銘じてほしい。

「３つの革新」を体質化する革新実践の手段

　「３つの革新」はマネジャー研修、立ち上げ研修、見える化研修などのイベントを通して、活動初期に繰り返し説明される。しかしマネジメント革新の視点やノウハウは、目や耳から入る情報だけで習得できるものではない。

　「３つの革新」を体質化するためには、理論と実践の両輪が重要となる。実践の具体的な手段が「見える計画」と「段コミ」

であり、「やらないと気持ち悪い」と感じるレベルまで体質化する必要がある。

　これはスポーツを始める場合と同じだと考えていいだろう。野球でもサッカーでも、基本理論がある。例えば、野球のバッティング理論を学んで理解することはできても、それだけでは試合でヒットやホームランを打てるようにはならない。理論がわかったうえでバットの素振りを繰り返し、初めに正しいフォームを身につけることが重要になる。それだけでも、初心者にとって負荷は大きい。慣れないうちは、手の皮がむけたり、筋肉痛に悩まされたりする。

　正しいフォームで楽にバットを振れるようになっても、ピッ

チャーが投げた球を打つことは難しい。飛んでくる球を見極め、バットに当てられるようになるには、さらに努力を重ねる必要がある。やがて正しいフォームのおかげで球を打ち返すことができたときに、最初に学んだバッティング理論が、言葉だけでなく、身体の動きで実感できるようになる。そこから自分なりに工夫することが本格的にスタートし、試合でヒットを打つこと、打率を高めること、得点のチャンスでホームランを打つことなどの、高いステージをめざせるようになる。

「見える化」の本質を理解する重要性

　革新実践の手段として「見える計画」と「段コミ」を自分たちの仕事のやり方に取り込んで習慣化することがまずは必要であるが、それらは従来にはない仕事のやり方であり、コミュニケーションのとり方であるため、戸惑いも多い。

　ＩＴ化が進んだ今日、「仕事の見える化」の意味をしっかり理解しないと、模造紙や付箋紙を使うことが煩わしく感じられ、メールレベルの情報共有しか経験がなければ、忙しいなかでなぜ段コミに時間を割くのかがわからない。

　また、模造紙や付箋紙といった形式ばかりに気をとられると、マネジメントの本質を理解できないこともある。例えば、見える化を理由にマネジャーがメンバーのスケジュール管理を強化する場合がこれに当たる。本来の段コミでは、マネジャーが自らアウトプットイメージを伝え、メンバー１人ひとりと開発業務のプロセスを検討していく。

　ところが、マネジャーが「仕事の見える化」を部下管理のツ

ールだと誤解すると、事前検討に自ら参加することなく、部下に計画を立てさせ、納期だけは厳しく管理したり、部下に時間的な余裕があるとそこに仕事を入れたりするようなことが起こる。ミーティングは段コミではなくなり、以前と同じ一方的な指示伝達型に戻ってしまう。「仕事の見える化」や「段コミ」が管理強化の手段となってしまうと、好結果を生み出すことはできない。

　それでも表面的には、職場の「見える化」が進み、職場の情報共有とコミュニケーションが高まったように見える。しかしこれでは「個人分業と個人依存」「あいまいなスタート」はほとんど解消されないままになる。

　つまり、従来の仕事のやり方に「見える計画」や「段コミ」を組み込んでもマネジメント革新は起こらないのだ。

"ご利益感"を保証する強制体験と危険なプログラム効果

「コミュニケーション」「問題・課題解決」「チームワーク」の革新と、その手段系の「見える計画」や「段コミ」が職場で機能し始めると、日常業務のなかで"ご利益"が出てくる。

　例えば若手メンバーは、それまで仕事の悩みを自分ひとりで抱えていた状況が一変する。明確な目標を示されることで「自分の能力を高めるためには、いま何をすればいいのかがわからない」といったモヤモヤ感は解消され、短期間で成長実感をもつケースも少なくない。

「初めは半信半疑だったが、インパクト・メソッドを実際の開

発業務に取り入れたら、想像以上に仕事がスムーズになり、手戻りなどのロスが減った」
「チーム全員のいわば"強制体験"によって、革新活動のご利益感が一気に高まった」
　このような感想を述べるマネジャーやメンバーは多い。
　こうした初期のご利益は、活動を促進し、個人と組織が成長していくきっかけとなる。
　しかし、これはまだ真のマネジメント革新の入り口に過ぎない。初期段階では正しい仕事のやり方に対する考え方をしっかり身につけていなくても、インパクト・メソッドのプログラムが機能することで、初期の変化成果が出ることがある。いわゆるプログラム効果である。しかし、プログラム効果は長続きすることはなく、正しい仕事のやり方に対する考え方や価値観を身につけていないと革新活動は停滞し、やがて低迷してしまう。そこで必要になるのが「心」である。

正しい価値観ができた
マネジャーは行動が変わる

「心」とは、その行動を導き出す正しい価値観のこと

　革新活動には、マネジャー、リーダー、メンバーが、仕事の進め方やマネジメントを"正しい価値観"でとらえることが求められる。これを私たちは「心」と呼んでいる。

　第2章で解説したとおり、職場にはびこる3大慣習は、マネジャーの「考え方」と「価値観」、メンバーの「考え方」と「価値観」、そして、その開発業務の特性に起因している。特に、マネジャーやベテラン社員は、入社から20〜30年が経つ間に好結果を生まない仕事の進め方が身に染みついている。これまでのやり慣れた仕事の進め方が、現在の経営環境では不適切であることに気づいていない。

　その原因は、マネジャーとメンバーが持つ誤った「考え方・価値観」である。しかし自分自身の考え方・価値観が仕事の結果に影響をおよぼしていると客観視できる人は稀である。

　例えば「問題が起これば火を消すのがマネジャーの役割」と考えていたら、「事後問題解決型」が当たり前だと考えてしまう。問題を未然防止する「事前課題解決型」の発想にはならず、後手を踏む仕事のやり方になってしまう。

　好結果につながる正しい考え方・価値観を身につけるために

は、正しい仕事のやり方、マネジメントの仕方を知り、「型」の実践を通じて得られた好変化や好結果から、自分の価値観を改めなければならない。

PDCAサイクルをまわし、正しい価値観を定着させる

「型」の実践でご利益を感じ、正しい仕事のやり方、マネジメントの仕方を体感したら、次にこれをチームに刷り込んでいく必要がある。成功体験を個人と組織に深く刻みつけていくイメージである。

例えば、従来は業務量が多く、納期遅れが当たり前だった職場で、納期どおりに仕事が完了したら、なぜうまくいったのか、どう考えたからできたのかと振り返って共有していく。そうすると「納期遅れはお客様や後工程からの信頼をなくすから納期は必ず守る」「納期遅れは悪である」という価値観が、個人と組織に認識されるようになる。

そして、負荷平準化の必要性を実感し、納期遅れの障害となる問題・課題を見つけて手を打つことが、当たり前だと思えるようになる。負荷量を具体的に見える化し、優先順位をつけ、他の業務と調整するなど、以前にはなかった行動へとつながっていくのだ。

さらにインパクト・メソッドでは、個人と組織のPDCAサイクルをまわすことを重視する。毎月のマネ共でひとりずつ「やったこと」「わかったこと」「次にやること」を発表するのは、組織で考える習慣をつけるためであり、これによって個人と組織に正しい仕事のやり方、マネジメントの仕方の価値観が醸成

[第4章]革新のために欠かせない「型」「心」「格闘」

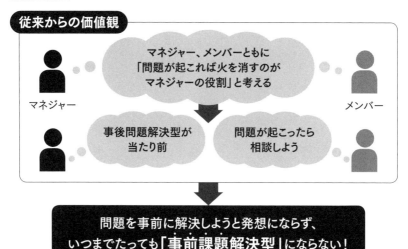

図表 4 2 1 好結果を生まない原因

される。

正しい価値観は繰り返し表現しないと伝わらない

　マネジメント革新は、組織を預かる責任者とメンバーの「考え方・価値観」と行動力が肝になる。つまり責任者の仕事のやり方に対する「考え方・価値観」と、メンバー1人ひとり、そしてチームの仕事のやり方に対する考え方・価値観が組み合わさって組織の結果につながってくる。

　例えば、組織を預かる責任者が「マネジャーは仕事の方針を出すのが役割で、問題解決に動くのは部下の役割である」というような誤った考え方・価値観を持っていれば、メンバーは不

満を抱くだけである。

　また、正しい価値観をマネジャーが持っていても、その考え方や価値観を口頭や文字だけで伝えても、メンバーの心は動かず結果につながってこない。組織の責任者の正しい考え方・価値観を行動に移して初めてそれらがメンバーに伝わり好変化、好結果につながってくる。

　価値観共有と行動変化が起こるチームはマネジャーが正しい考え方・価値観を率先して繰り返し口にする。チームが大切にすべき価値観、めざす方向、とるべき行動をメンバーが「また言っている」と思うほど繰り返す。そして自らが行動する。そうすることでメンバーの心に働きかける。メンバーはマネジャーの価値観と自分の価値観を照らし合わせ共鳴し、共有することになればチームとして共通の価値観を持ち、一丸となって行動することができる。

マネジメントの定義とマネジャーの「3軸3カ」

　仕事のやり方とマネジメントの正しい「考え方・価値観」は、仕事の結果に結びついていく。その前提となるのが「マネジメントとは何か？」という本質論である。

　インパクト・メソッドでは、マネジメントを「成果に責任をもつものの見方と行動」と定義している。その具体的なマネジメント行為には次の4つがある。

①目標（好結果）をつくる、目標を描く
②目標に対する問題や課題を解決する行動をとる（手を打つ）

③目標達成のためにやり方を変える、変わる状態をつくるリーダーシップを発揮する
④人とチームを成長させる

　この４つは、一般的なマネジャーの役割と同じに見えるかもしれない。しかし環境変化が速い現在、マネジャーに求められる能力の水準はきわめて高度化している。

①目標（好結果）をつくる、目標を描く。
　これまで見てきたように、マネジャー自身の目標設定があいまいなことは多い。まずはマネジャーが、チームを率いるリーダーとして、目標を具体的に考え抜くことが必要である。あいまいな目標は伝わらない。ビジネスの目標、組織マネジメントの目標を具体的に設定する必要がある。どのような状態を実現したいのか、それは従来と何が違うのか、何を変えなければいけないのか、目標の背景や目的は何か、アウトプットイメージはどんなものか、あるいはどんな状態なのか……その一つひとつにマネジャー自身の思いを入れて描いていく。

②目標に対する問題や課題を解決する行動をとる（手を打つ）
　マネジャーは現状認識についても明確に伝えなくてはならない。その前提として、現実を直視する能力が求められる。問題・課題は、目標と現状のギャップである。したがって現状認識が誤っていると、進むべき方向や施策を間違えてしまい、解決行動がとれなくなってしまう。

マネジャーにとってもうひとつ重要な能力は、問題をとらえる力である。「ドタバタ型」「遅れ常態化型」「アウトプット出ず型」に代表される、3大慣習に侵された職場の問題は「個別問題解決型」の発想では解決することはできない。内外の環境変化、そこからくるマネジャーとメンバーの問題、他部署とのかかわり方、業務特性などが複雑に絡み合って問題を引き起こしているためである。ひとつの問題を解決しても、また別の問題が次から次へと起こる"モグラたたき"の状態である。

　こうした問題に手を打つためには、問題構造を全体的に把握して、因果関係を突き止めなくてはいけない。そのときに、マネジャーとメンバーの仕事における関係性は重要である。マネジャー自身の行動が、問題に影響を与えていることは多く、インパクト・メソッドでいう「自人称行動」や「自責での解決」によって行動を変えていかなければならない。

③目標達成のためにやり方を変える、変わる状態をつくるリーダーシップを発揮する

　マネジャーは、ビジネスと人と技術に関して自らの「思い」をメンバーに発信し、革新のリーダーシップを発揮しなければならない。

　組織を預かる責任者として、マネジャーには「3つの軸」と「3つの変える力」が必要である。インパクト・メソッドでは、これを「マネジャーの3軸3力」と呼んでいる。

　マネジャーに求められる第1の軸は「ビジネス軸」である。自分たちにとってビジネスがどのような意味をもつか、ビジネ

図表 4.2.2　インパクト・メソッドにおける「マネジメント」とは

マネジメント＝成果に責任をもつものの見方と行動

4つのマネジメント行為

① 目標（好結果）をつくる、目標を描く

② 目標に対する問題や課題を解決する行動をとる（手を打つ）

③ 目標達成のためにやり方を変える、
　変わる状態をつくるリーダーシップを発揮する

④ 人とチームを成長させる

スへの思いが強いか、弱いかである。経営者は誰もがビジネス軸が強いが、課長レベルではバラツキがある。

　第2の軸は「人間軸」で、メンバーの人間的側面を鋭くとらえてマネジメントに活かす力をいう。優れたマネジャーは、メンバーの態度から、モチベーションなど内面の問題、技術力の向上、成長プロセスなどを正確につかみとる。そして好結果を生むように、上司としてメンバーに働きかけていく。そこからチーム全体のモチベーションアップや成長を実現していく。これまで多くのマネジャーを見てきたなかで「人間軸」の強いマネジャーの比率は低い。しかし、インパクト・メソッドを通じて好結果を生み出すためには「人間軸」は重要なマネジメント要素である。

　第3の軸は「技術軸」で、開発部門ではマネジャーにかぎらず、技術への強い思いがつねに問われる。マネジャーの場合は、

上記の2軸と関連づけて考える必要がある。
　一方、マネジャーに求められる第1の力は、「変えたいことを指し示す力」である。これはマネジメントを通して、チームと個人が仕事のやり方として「何を変えていくか」という変える対象と方向を具体的に指し示す力となる。
　第2の力は「マネジメントアイデア創出力」で、革新への思いを具体的なマネジメントのかたちに展開できる力である。このアイデア創出力がないと、せっかくの強い思いも空まわりに終わってしまう。
　第3の力は「変える実行力」で、マネジメント革新のアイデアを出し、行動を決めたあとは、メンバーと一緒に実行していくことになる。開発業務を進めながら、新しい仕事のやり方に挑戦するには、メンバー全員が動かなくてはならない。マネジャーがリーダーシップを発揮し、自ら実行していかないと、活動はいずれ停滞し、メンバーの意欲も落ちてくる。
　マネジャーの「3軸3力」は革新活動の原動力であり、それぞれの強さだけでなく、バランスのよさも重要である。

④人とチームを成長させる
　マネジャーはメンバーを成長させ、チーム全体を成長させることが重要な仕事である。たとえ開発プロジェクトが目標どおりの品質や納期を実現しても、メンバーとチームの成長がなければ、そのプロジェクトが成功したとは言いがたい。
　成長とは、これまでより高い能力、正しい仕事のやり方やマネジメントの価値観を身につけた状態になることである。

[第4章] 革新のために欠かせない「型」「心」「格闘」

図表 4 2 3 3軸3力

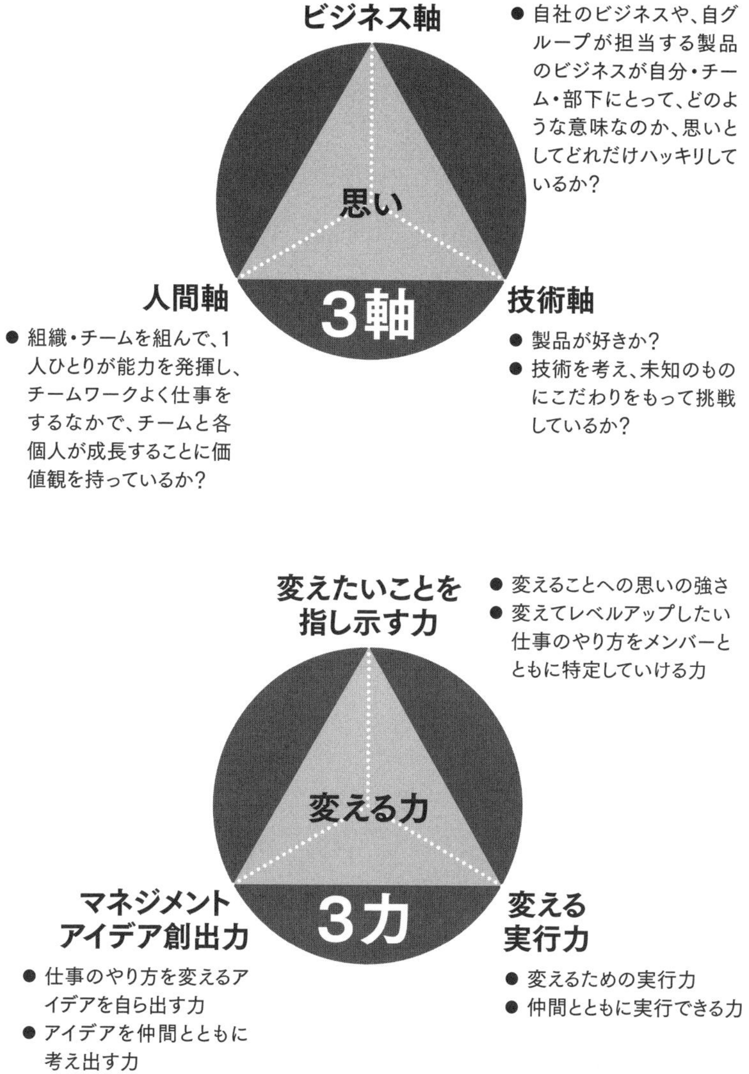

ビジネス軸

思い

人間軸　**3軸**　**技術軸**

- 自社のビジネスや、自グループが担当する製品のビジネスが自分・チーム・部下にとって、どのような意味なのか、思いとしてどれだけハッキリしているか？

- 組織・チームを組んで、1人ひとりが能力を発揮し、チームワークよく仕事をするなかで、チームと各個人が成長することに価値観を持っているか？

- 製品が好きか？
- 技術を考え、未知のものにこだわりをもって挑戦しているか？

変えたいことを指し示す力

変える力

マネジメント アイデア創出力　**3力**　**変える 実行力**

- 変えることへの思いの強さ
- 変えてレベルアップしたい仕事のやり方をメンバーとともに特定していける力

- 仕事のやり方を変えるアイデアを自ら出す力
- アイデアを仲間とともに考え出す力

- 変えるための実行力
- 仲間とともに実行できる力

若手メンバーが実務を通して「未来を見る計画」の考え方、「合知合力」の価値観などを身につければ、それは成長である。段コミで上司やベテランと議論するだけでも、能力アップにつながる。成長への意志と意欲が高まれば、自ら進んで仕事のやり方を変え、従来とは違う行動をとるような自主性、主体性も発揮されてくる。

　成長への意志と意欲は「挑戦」と「気づき」がきっかけとなる。マネジャーは各メンバーの成長に対する「思い」と「期待」を伝え、正しい「考え方・価値観」を語っていく。また、「三層図」で未来の状態を見せる"成長予告"も効果が大きい。上司と約束したとおりの成果が出ると、自分ひとりで取り組んだときよりも本人の成長実感は大きくなる。この達成感が、さらに自己成長の意欲を喚起し、継続的な成長サイクルにつながっていく。

　そのような個人の成長が集積してチーム全体が成長し、切磋琢磨することでさらに個人が伸びるという好循環が生まれる。

　以上がマネジャーに求められる能力と行動であるが、これらは相当高レベルなものである。そして、①〜④のマネジメント行為を身につけることが、成果をあげることの前提であり、正しい考え方、価値観の前提となる。

マネジャーの誤った価値観は会社に大損害を与える

　仕事のやり方とマネジメントの正しい「考え方・価値観」は、マネジャーの役割にも大きく影響する。ここでは前述した①と

②を例に、どのような価値観かを見ていこう。

①「目標（好結果）をつくる、目標を描く」

　これはマネジャーが、プロジェクトやチームの未来、めざすべきゴールを描くことである。このとき、マネジャー自身が経営者の視点で考えないと、適切な目標設定はできない。市場や競合他社、社内状況といった経営環境の未来を見通し、そのなかで自分たちが何を開発し、どのような職場状態になり、どれだけ成長しているかといったビジョンを描いていく。組織を預かるマネジャーはつねに「志」を高くもち、めざす姿や結果を定めることが求められる。それが、正しい「考え方・価値観」である。

②「問題や課題を解決する行動をとる（手を打つ）」

　職場の問題・課題は、漠然とした捉え方では解決の糸口が見つからない。

　マネジャーは、つねに現場レベルまで「目線」を下げ、超現実的かつ超具体的に職場状況を把握し、マネジメントに取り組んでいくことが求められる。部下のモヤモヤ感を解消し、スッキリ仕事ができる環境を整えれば、より高い成果が出せるという価値観である。

　また、問題・課題解決には自ら行動することが求められる。マネジャーは「自人称解決行動」をとるという価値観である。

誤った価値観は悪い結果を招く

　同じ役割を求められても、価値観が誤っていれば、行動はまったく別のものになる。例えば、マネジャーがプロジェクトの成功について、売上や利益、あるいは高品質・低コスト・短納期などの目に見える数値だけを追求する価値観であると、どうなるか？　開発スタッフは激務が続いて疲弊し、成長実感もなくなる。モチベーションもどんどん下がっていく。そのうちメンタルヘルスを壊す人、会社を辞める人が続出する。

　そのような悪い結果が出てくれば、「あのマネジャーの下では働きたくない」となる。どれだけいい製品が効率よく開発できても、中長期的に見れば、このマネジャーは会社に大打撃を与えたことになる。もちろん、本人にとってもプラスにはならない。「数字だけを追求した視野の狭いマネジャー」というレッテルを貼られて大きな仕事を任せられなくなる。

　そのときになって本人が「あの価値観は間違っていた」と気づいても手遅れである。もっと早く価値観の誤りに気づいていれば、と後悔するだけだろう。

　経営者の視点で考えるのは、そのような誤りを防ぎ、正しい価値観にもとづいて、考え行動するためである。

メンバーは組織を強く意識することが正しい価値観

　「個人分業と個人依存」の慣習がある職場のメンバーは、仕事は会社のもの、組織のものという意識が希薄になる。「仕事を担当する個人の集合体が組織である」という錯覚に陥りやすい。その結果、組織がめざすゴールに焦点が合わないことになる。

そのようなメンバーは目標意識が低く、「結果」に無頓着で、状況を無視して自分の興味や関心がある仕事を優先させる。

　仕事の正しい「考え方・価値観」では、初めに「会社」があり、「経営」があり、「組織」がある。組織は経営からの使命を受け、その使命はチームと個人で達成するものである。会社は働く人たちが最大限の力を発揮することを期待して、組織を構成する。

　したがってメンバーは、組織に属している以上は、「組織あっての自分」という考え方が前提となる。そこには「仕事は会社、組織のもの」であり、「チームで対応して解決」するという価値観がある。

　この価値観があるから、計画をシステム化してチームで未来を見るという行動がとれ、実現したい組織のアウトプットを共有して「事前課題解決」ができる。そして、マネジャーとメンバーが一緒に考え、チームで学習していくようになる。

チームにも正しい価値観がある

　これまでのマネジャー、メンバーそれぞれの正しい「考え方・価値観」を見てきた。そのふたつを合わせたものが、チームの正しい「考え方・価値観」であり、そのポイントは4つある。

①チームで目標達成を思考する
②チームで脳ミソをフル回転し、目標に対する問題・課題を考え抜き、問題を見つけたらすぐに手を打ち、課題は先手を打って解決する

③解決にはチーム全員が役割を果たす
④他人任せでなく、「ＸＸの立場である私が△△する」という自人称行動がとれる人のチームにする

以上の４つについて解説していこう。

①チームで目標達成を思考する
　マネジャーが何もしなくても、その目標に向かって個人とチームが主体的に動いてくれたらこれほど楽なことはない。しかし現実では、そのようなことは起こらない。
　マネジャーは、チームで未来の姿を共有するためにリーダーシップを発揮しなくてはならない。メンバーが未来の姿を深く理解するほど、チームはまとまっていく。
　そのために、プロジェクトの背景、目的、マネジャーの思い、自分たちの使命、価値観などをメンバーと共有する。そしてメンバーの気持ちを動機づけることも必要である。

②チームで脳ミソをフル回転し、目標に対する問題・課題を考え抜き、問題を見つけたらすぐに手を打ち、課題は先手を打って解決する
　チームで目標を共有し、問題・課題を考え抜くのは、簡単なことではない。全員が脳ミソをフル回転させなければ、なかなか問題・課題を見つけ出すことはできない。
　問題は顕在化しているので、まだ見つけやすい。もちろん、見つけたらすぐに対策を決め、解決の行動に移る。課題は未来

[第4章]革新のために欠かせない「型」「心」「格闘」

図表 4-2-4　仕事の誤った価値観と正しい価値観

誤った価値観

組織＝
仕事をする個人の集合体

　例えば…

- 低い目標意識　● 結果に無頓着
- 自分の興味、関心がある仕事を優先させる　など

⇒メンバーの組織的な目標達成に対する
　意識が低いため、よい結果が生まれない

正しい価値観

組織＝
経営から使命を受け、その使命を
チームと個人で達成するもの

- 組織あっての「自分」　● 仕事は会社、組織のもの
- チームで対応して解決

⇒計画をシステム化してチームで未来を見る行動に！
　事前課題解決型の組織になり、よい結果が生まれる

に起こる問題であるから、現時点ではまだ顕在化していない。当然、見つけるのが難しく、見つけた場合は、将来の問題が発生しないように先手を打って解決する。未然に防ぐのが、課題対応の基本である。

　問題・課題は目標と現状のギャップである。これをチームで見つけだし、「合知合力」で解決するという価値観を全員で共有する。

　未来志向の「見える計画」はマネジャーとメンバーが作成するが、そこでは技術についての活発なディスカッションがあり、仕事の進め方について共有する。そのなかで先手を打つ「事前解決型」を重視したマネジメントが展開される。

　メンバーは、現状の仕事で見つかっている問題・課題を報告し、マネジャーはすぐに解決の手を打つ。また、マネジャーはメンバーが発見していない課題を見抜き、「事前課題解決」を図っていく。このようにして上司、部下のあいだで「見せる、見る」の関係がつくられる。

　同時に、まずい仕事のやり方に対して手を打つ必要もある。マネジャーは、なぜその問題が起こるのかを追及し、マネジャーとメンバーの関係、他部署とのかかわり方、あるいは当事者の意識などを考えて最善の策を打つ。そして日常の問題・課題解決と同様に、メンバーと認識を合わせて解決の手を打っていく。

③解決にはチーム全員が役割を果たす

　マネジャーに強く求められている役割の第一に、ビジネス環

境の変化に合わせ、仕事のやり方や職場状況を変えていくことがある。

その際に、マネジャーはビジネス、人、技術に関する「思い」をメンバーに伝え、変革のリーダーシップを発揮していく。そのためには、日頃から「３軸３力」を高めておく必要がある。

メンバーは「組織あっての自分」という意識をもち、「仕事は会社・組織のもの」「チームで対応して解決」という価値観を高めていく。

問題・課題解決は、チーム全員がそれぞれの役割を果たし、能力を発揮しながら進めていく。

④他人任せでなく、「ＸＸの立場である私が△△する」という自人称行動がとれる人のチームにする

問題・課題は、当然のことながら人が動かないと解決しない。しかし、「自分が動かなければ解決しない」という意識にはなかなかならないものだ。

私たちは、開発職場で働く人にとって重要な価値観のひとつに、「自人称行動」という価値観を挙げている。特に革新を牽引するマネジャーには、必要不可欠ともいえる重要な価値観だ。そして、この「自人称行動」こそが、「格闘」の本質であると考えている。

革新活動の導入前に、私たちが開発担当役員にヒアリングすると、以下のような希望を聞くことが多い。

「マネジャーは自分のチームをどう変えたいか、はっきりと意思を表に出してもらいたい」

チームの未来像は、マネジャーのアウトプットイメージにかかっている。そのためマネジャーが、プロジェクトの側面、人と組織の側面でそれぞれ目標を設定していく。この目標と現実のギャップを埋めていくことがマネジメント革新になる。
　ここで求められるのが、自らが動いてチームを変えていくマネジメントである。マネジャーは、「マネジャーである私が問題解決に動く」と発想し、周囲にも宣言して動かなければならない。それがインパクト・メソッドでいう「自人称行動」である。

自省が「自人称行動」への変わるきっかけになる

　活動初期のマネジャー研修では、マネジャーに、なぜ職場に問題が起こるのか、メンバーとの関係性から考えてもらう。立ち上げ研修では、部下の吐き出しや「マネジメント・スタイル図」から、自分のマネジメント・スタイルを省みることになる。
　そうすることによって、仕事の問題が起こる悪循環のなかで、マネジャーの考え方や行動が、チームにどう影響しているのかを理解し、職場をどう変えていけばよいのかがわかってくる。そして、日常業務でもメンバーの目線に合わせ、仕事のやり方と人に着目したマネジメントを進めるなかで「自人称行動」をとるようになる。
　具体的には、会社から与えられたミッションを遂行するため、職場に多くの問題・課題を見つけ出し、その解決に向けて的確に動く。問題・課題解決を他人任せにしないで、主体的な行動をとる。周囲とのコミュニケーションに努め、メンバーを動機

づけ、仕事のやり方を革新する意欲も引き出す。
　その行動には、どのプロセスにも、自分とチームのかかわり方を変える「格闘」がある。つまりそれが「自人称行動」である。

　またメンバーも、職場状況と自分の役割について認識する。自分の能力や、仕事のやり方を高めていく必要性に気づき、他のメンバーへの働きかけや上司への問題提起を行うなど、自分が動かなければ変わらないという「自人称行動」につながっていく。

4-3 具体的な「格闘」の数々

「格闘」は問題・課題を直視することから始める

「型」と「心」を身につけ、マネジメント革新を実践していくと、さまざまな問題・課題が見えてくるようになる。その一つひとつに対して、マネジャーとメンバーが解決にあたるのが「格闘」である。

多くの開発職場が３大慣習に陥り、そこから抜け出せない状況は、これまで繰り返し述べてきた。私たちがコンサルテーションでお手伝いした会社は250社を超え、そのなかに１社として例外はないから、おそらく私たちが知らないところでも、数多くの会社が同じ状況に陥っているはずである。

開発職場を取り巻く環境の変化は急速だが、現場にいる者にとっては気づきにくい。蛙は熱湯に入れると飛び出すが、水に入れて徐々に温度を上げていくと「ゆでガエル」になって死んでしまうという話がある。それと同じで、従来の仕事のやり方やマネジメントに浸りきった頭は、問題を問題として

認識できないのである。

仮に問題・課題に気がついたとしても、自分たちの責任ではないと目をそむけ、近視眼的に目先の問題に手を打ち、その場しのぎの対応をとってきた職場は多い。それが「人の問題」に絡んでいれば、臭いものにフタをするといった対応になる。

「葛藤」との格闘が成長を促す

しかし、インパクト・メソッドを導入すると、マネジャーもメンバーも仕事のやり方やマネジメントに焦点を当てるようになる。これまで目をそむけ、その場しのぎに対応してきた数々の問題が白日の下にさらされるからだ。

例えば立ち上げ研修で、マネジャーはメンバーの吐き出しを読み、メンバーの不平不満をストレートに知ることになる。マネジメント状況共有会でも、マネジャーがメンバーから突き上げられることがある。そこから「自分のマネジメントは何が悪かったのか」と真剣に考えるようになる。また、「そういう部下たちだってもっと自立してほしい」「自分の立場もわかってほしい」という思いも生まれてくる。これが、葛藤の始まりである。

メンバーのほうも、「吐き出しでは不平不満を書いたが、自分の仕事のやり方もまずかったのか」と葛藤する。それはマネジメント状況共有会などのイベントに限った話ではない。段コミでマネジャー、メンバーは互いの役割議論、他部署との役割議論などで意見を戦わせることになる。

それまでは、「よきにはからえ」「言わなくてもわかるだろう」

「事後報告で済ませよう」と対処していた問題から、目をそむけられない状況となり、マネジャー、メンバーそれぞれの「格闘」へと発展していく。

　人は理屈では動かない。だから、葛藤が生まれる。

　この葛藤を解消したいと考え、その過程で「自分は本当に正しいのか」と自問するようになる。上司や部下、同僚、関係者に本音でぶつかり、働きかけるようになる。こうした問題・課題解決の「格闘」が、やがてチームの新しい価値観をつくり、仕事のやり方を大きく変えていく。

マネジャー、メンバーそれぞれの「格闘」と格闘の3つの対象

　「格闘」はマネジャーとメンバーのどちらにも必要である。

　マネジャーは組織（チーム）を預かる責任者としての「格闘」、メンバーは組織の一員としての「格闘」となる。

　私たちは「格闘」には、「問題・課題解決との格闘」「自分との格闘」「周りの人たちとの格闘」の3つがあると考えている。

　マネジメント革新では、仕事の好結果を生む前提として、まず職場に「好変化」を起こすことが求められる。変化には抵抗がともなうが、その抵抗に向きあうことが「格闘」の中心だといってよい。それは自分自身のなかにも起こり、周囲の人たちとの間にも起こる。

　特にマネジャーの「格闘」には、大きく分けて次の3領域があると私たちは考えている。

①会社から与えられたミッションとの「格闘」
②自己変革に向けた自分との「格闘」
③メンバーはじめ周囲の人たちとの「格闘」

この３領域について、ひとつずつ解説していこう。

①会社から与えられたミッションとの格闘
　チームで革新に取り組むとき、マネジャーは会社から与えられたミッションとの「格闘」をしなければならない。いくつか代表的なものをあげて説明しよう。

・経営数字との闘い
　組織を預かるマネジャー、特に事業責任者は、売上や利益などの業績目標、管理指標など数値目標の達成がミッションとして与えられる。経営的観点からいえば、目標の達成は外すことのできない重要項目となる。

・技術課題解決との闘い
　市場における競合他社との戦いは、開発部門にとって最大のミッションといえる。製品のスペック、品質、価格などで他社に勝つために、技術力、組織力を高める必要がある。
　ライバル企業に勝つためには、開発力が勝負どころとなる。特に開発スピードとコストは競争が激化し、市場投入の遅れや価格競争で負けることは、経営的に大きな打撃となる。

・組織連携との闘い
　開発から製造、販売までトータルのスピードをあげるためには、他部門との連携が欠かせない要素となる。特にグローバル化が進んだ企業では、物理的に部門間の距離が開いていることもある。

・負荷との闘い
　開発部門のなかでは、つねに納期との闘いがある。一方で、残業規制もあって負荷調整に苦慮するマネジャーは多い。

　マネジャーは会社から組織を預かる以上、これらの闘いから逃げることはできない。ビジネス成果を出さなければ、マネジャー失格となり、いわば強制力がともなう格闘である。
　しかし、これらの闘いは、マネジャーひとりの力ではどうすることもできない面がある。上司、部下、関連部署、協力会社など多くの関係者が一緒に動かなければ勝てない闘いでもある。
　マネジャーの「格闘」は、現場のメンバーにも影響する。新技術の開発、リードタイムの短縮、負荷の軽減などは、メンバーの「格闘」が集積されて実現される面もある。

②自己変革に向けた自分との「格闘」
　会社からのミッションを自覚したマネジャーは、周囲の人に働きかけて協力を得ようとする。しかしそう簡単に、他人は自分の思いどおりには動いてくれない。特に部下は、ビジネス成果を生むための人的リソースとしては最も重要で、人数も多い。

自部署のメンバーが、同じ目的と目標を共有して動いてくれなければ、経営に期待される成果の最大化は図れない。

マネジャーの多くは、ここでつまずきを覚える。私たちが革新活動のお手伝いをした開発職場でも、メンバーが思うように動いてくれないために、悪戦苦闘するマネジャーを数え切れないほど見てきた。

インパクト・メソッドでは、活動成果の第一に「職場の好変化」を掲げているように、マネジャーが望むチーム状況を実現することは簡単ではない。そのことは、マネジャー経験者の多くが実感しているはずである。チーム状況の革新には、メンバー1人ひとりに仕事の考え方や進め方を改めてもらう必要がある。ここが最大の難関だと考えていい。

しかし、メンバーに動いてもらおうとするためには、まずはマネジャー自らが考え方を正し、行動しなければチームは動かない。それが、自己変革に向けての格闘、つまり自分自身との格闘である。

役割意識を持ったマネジャーは、メンバーや周囲の人たちに動いてもらう必要があることにすぐ気がつく。しかし関係者の意識変革、行動変革は簡単に起こるものではない。ただ大声を出して旗を振るだけでは、組織に好変化はもたらされない。

他人を変えようと努めるとき、まず自分が変化する必要がある。マネジャー自身がそのことに気づいた瞬間から、「自分との格闘」はスタートする。

図表4-3-1 格闘の3領域

```
会社から与えられたミッションとの「格闘」
● 経営数字との闘い    ● 技術課題解決との闘い
● 組織連携との闘い    ● 負荷との闘い
```

```
自己変革に向けた自分との「格闘」
● 他人を変えるためには、自らが考え方を正し、
  行動する自分に変化する必要がある
  ⇒これまでの自分との闘い
```

```
メンバーはじめ周囲の人たちとの「格闘」
●「仕事は個人で進めるのが当たり前」と考える
   メンバーの価値観との闘い
● 他部署や協力会社の人との闘い
```

③メンバーはじめ周囲の人たちとの「格闘」

　問題・課題を解決するのは人間であり、また組織であるから、第3の「格闘」は他人との間に起こる。

　組織の目標を達成するため、一緒に働くメンバーとも「格闘」は生じる。組織を預かる責任者として、メンバーを動機づけすること、チームワークを高めることは、すべてのマネジャーにとって共通の課題となる。

　そのときにメンバーの考え方を知ることは重要となる。仮に

「仕事は個人で進めるのが当たり前」と考えるメンバーがいれば、その価値観と戦わなくてはならない。チームワークの大切さを伝えることを説明する必要があり、自分のコミュニケーション能力を高めることも重要になる。

マネジャーの役割は、方針や指示を出すだけではない

　私たちはコンサルティングの現場で、マネジャーの誤った価値観によるマネジメントに直面することがよくある。例えば、自分は方針や指示を出すのが役割で、それに従って動くのが部下の役割だと考えているマネジャーは多い。

　部門間の調整事など本来双方のマネジャー同士が話し合って決めなければならないことを部下任せにしたり、開発プロジェクトが炎上しても他責で考えて、自らの関わりを考えなかったりする。

　このようなマネジャーが、自分自身の誤った価値観に気づくことは少ない。上司やコンサルタントからのストレートな指摘を受けること、あるいは部下の苦しい状況を肌で感じることが必要である。

　インパクト・メソッドの活動では、その気づきが起こるイベントがいくつもある。

　マネ共や部下との段コミで、自らの誤った価値観に気づくマネジャーは珍しくない。目の前で起きている問題に、マネジャー自身がどう関与しているかを理解し、その根底にある自分自身の価値観に気づけば、価値観を変えることはできる。

　そうすれば行動が変わり、他者に与える影響が変わり、結果

が変わる。これがマネジャーの「自分との闘い」である。
　自分との闘いは苦しい。悶々と葛藤が続くこともある。ある課長は、1カ月もマネジャーの役割について悩んだ結果、他責だった自身の考えと行動に気づいた。そして、「メンバーの日常をスッキリまわすことがマネジャーの重要な役割」だと考え、その日から行動を改めるように努めた。もちろん、その役割を果たせるまでには、それから数カ月を要した。
　これは、「格闘」の前提であるマネジメントの意味を体で理解した一例である。

メンバーの責任感が強すぎると裏目にでることもある

「格闘」はマネジャーだけでなく、メンバーにも起こる。組織の一員として「自分との格闘」があり、それは「役割認識力と行動力との闘い」「自分の能力との闘い」というふたつとなる。「個人分業と個人依存」の慣習がある職場では、個人商店化した結果、組織のミッションと自分の役割を結びつけられなくなる。その結果、タコツボ化した役割認識と行動になってしまう。
　例えば責任感が強いあまり、仕事を抱え込んでしまうメンバーは多い。納期直前に実は仕事が止まっていることが発覚し、マネジャーや他のメンバーが緊急応援に入るような事態になる。
　組織のミッションから考えないと、自分の役割認識をはき違えていることに気づかない。特にベテランは、仕事のスキルがあり、多少のトラブルが起きても自分で処理できるため、かたくなに"個人の論理"優先でスタイルが変わりづらいケースがある。しかし、ひとたび目線を外に向け、チームの状況や周りの

状況を理解すると役割認識が広がり、行動が変わってくる。「組織あっての自分」という認識に変わるのだ。

　メンバーにとって「自分の周りの人との格闘」もふたつある。「チームメンバーへの働きかけの闘い」と「上司への課題提起力との闘い」である。

　メンバーの正しい「考え方・価値観」は、「合知合力」の価値観であることはすでに述べた。知恵を合わせ、力を合わせるため、他のメンバーに働きかけ、上司には課題提起して解決に動く。自分のことだけを考えていたら、このような行動はとれない。チームの成果やアウトプットを、自分より優先した結果である。

　インパクト・メソッドの導入企業で、メンバーの「格闘」が見えるのは、マネ共での「やったこと・わかったこと・次にやること」である。自分が行動した結果のご利益を確認することで、個人の意識や行動にフィードバックが自然とかかり、客観的に自分を見つめることができる。目線が自分の外に開かれて、視座が高くなる。マネジャーや他のメンバーと認識を合わせた行動に移っていく。

　マネジャーが職場のマネジメントを変えようと「格闘」しても、「自分の仕事さえこなせばいい」と拒否反応を示すメンバーがいる。しかし実際に段コミを体験したら、「自分で仕事を抱え込むより、チームで共有して進めたほうがよい」という価値観に変化する。それは、マネジャーが正しい「格闘」に挑戦した結果である。

図表 4-3-2 メンバーの格闘

メンバーの格闘とは？

自分との格闘
- 役割認識力と行動力との闘い
- 自分の能力との闘い

周囲の人との格闘
- チームメンバーへの働きかけの闘い
- 上司への課題提起力との闘い

「格闘」によって新しい価値観が生まれる

　マネジャー、メンバーの価値観は「格闘」のなかで変わり、両者の関係性にも変化が生じる。ここでは、実際の革新活動で起きた具体例を見てみよう。

　Ｓマネジャーは優秀なマネジャーだが、優秀であるがゆえに仕事をメンバー任せにできなかった。「すべて自分が決める」という価値観で、「自分でやり切る」というスタンスだった。
　一方、メンバーのほうには「仕事は個人で受けて個人でアウトプットする」「段コミに割く時間がもったいない」という価値観があった。
　この職場は「個人分業と個人依存」になっていたので、Ｓマネジャーはまず、１日でやり切る仕事内容をメンバー全員で共有し、何をアウトプットすべきかを明確にした。そして短期・中期の出図計画をすべて見える化し、遅れや危機感も共有した。徹底した仕事状況共有である。そのなかで、メンバーは自分の

状況を見せ、負荷が増えると早い時点でヘルプの声をあげるようになった。その結果、出図遅れゼロを実現する。

　Sマネジャーの「格闘」は、すべてを自分が決めて自分でやり切るという価値観から、部下を信じてチームの能力を発揮させるという価値観への転換だった。
　メンバーにとっては、「個人分業と個人依存」の価値観から、上司や仲間と連携したチームワークの価値観へと転換する「格闘」だった。相手に動いてもらうためには、メールだけでなく、顔を合わせてコミュニケーションをとる必要がある。「めんどうくさい」という自分の意識とも、相手の状況を理解する努力とも「格闘」しなければならなかった。
　Sマネジャーとメンバーとの関係も変わった。
　Sマネジャーは「チームでやり切る」「合意して決める」という価値観に転換した。メンバーは「個人の抱え込みがあると、チームは成果が出せない」「段コミしないと頭がスッキリしない」という価値観に転換した。そして、Sマネジャーとメンバーの間には「見せる、見る、チームで解決」という価値観が生まれた。
　インパクト・メソッドを実践するなかで「格闘」が起こり、新しい別の価値観が醸成されてチームのものになった。人と組織が変わり、「コミュニケーション革新」「問題・課題解決革新」「チームワーク革新」が実現した事例である。

　一般に革新活動では、次のような標語がよく掲げられる。

「本音の議論ができる職場形成」
「上司、部下、仲間が互いに深く理解する」
「チームによる問題・課題解決」
「リーダーシップの発揮」

　しかし、どれだけきれいな言葉を並べても革新は起こらない。マネジャーもメンバーも現実を直視して、「格闘」していくことが必要である。

　マネジャーとメンバーの「格闘」も、勝ち負けではなく、互いにWIN-WINの関係をつくるための「格闘」である。

仕事のやり方と人を診ることが格闘につながり新しい価値観を生む

　前述のような事例は、インパクト・メソッドの導入企業ではそれほど珍しいことではない。

　なぜ、多くの職場で新しい価値観が醸成されるかといえば、「3つの革新」を通じて、仕事の結果だけでなく、仕事のやり方と人を診たマネジメントに転換するからである。

　「見える計画」は日程精度の向上、日程管理強化のツールだと誤解したり、模造紙と付箋紙を使った業務の見える化という浅い理解で終わったりすれば、当然「3つの革新」は起こらない。新しい価値観も生まれない。

　それは、自分のチームに根ざした価値観、仕事にマッチした価値観であり、マネジャーとメンバーがWIN-WINの関係になる価値観である。

　そこまで到達するには、計画の人間的側面に目を向けなけれ

ばならない。「仕事は人がやるもの」といえば当たり前だが、それと計画と結びつけることが大事である。つまり「見える計画」を、組織と人と業務をつないで有機的なものに換えていく。「型」にとどまるチームは、計画の本質を理解せずに無機的なものとして扱ってしまう。計画とは、目標達成のために、仕事のやり方を明らかにした設計図である。そこには、これから先の業務が示されている。

　そして、計画を進めるメンバーは、内容をよく理解し、共有しなければならない。マネジャーはメンバーに理解してもらう必要があるから、メンバーの目線まで降りていく。一方、メンバーは正しく理解することに努める。自分が問題を抱えていれば、それをマネジャーに報告しなければならない。

　だから「見える計画」は上司、部下、仲間と一緒につくる。計画作成の過程でコミュニケーションをとり、考え、目的からの逆算発想でさらに考え、書き出し、またコミュニケーションをとる。

　マネジャーは一緒に計画をつくることでメンバーの声に耳を傾け、メンバーの意識、能力、価値観を見抜き、また仕事のやり方を見て、具体的な進め方を理解しているかどうかを把握して手を打つ。そのなかで格闘が起こり、新しい価値観、マネジメント・スタイルが形づくられていくのである。

4-4 「格闘」から
人と組織は成長する

　マネジャーとメンバーの「格闘」は、組織と人の成長に役立つとインパクト・メソッドでは考えている。むしろ「格闘」から逃げることなく、数多くの「格闘」を経験した人にこそ、正しい成長、スピーディーな成長が起こる。
　また、それは必ず周囲の人にもよい影響を与える。「格闘」から逃げないマネジャーのもとでは、やはり「格闘」ができるメンバーが育ち、そのチーム全体の成長が加速される。

　第1章で、3大慣習が生まれる原因のひとつには、マネジャーとメンバーの考え方・価値観と、業務特性にあると述べた。
　仕事の価値観は、入社以来の働き方、さかのぼれば個人の生い立ちなども影響している。自分自身の価値観には気づきにくく、気づいたとしても改めるのは容易ではない。
　しかし、インパクト・メソッドを実践するなかで、お互いがWIN-WINになる道を見つけ出し、それが仕事やマネジメントの新しい価値観になったケースは多い。つまり、「格闘」が新しい価値観をつくったわけである。
　インパクト・メソッドでは、毎月のマネ共によって、自分たちが「やったこと」、その結果「わかったこと」、「次にやること」のPDCAサイクルをまわしていく。さらに、どんなご利益があ

ったのかを記録していく。
　そのことが、組織（チーム）と個人の意識と行動を客観的に見ることにつながり、結果に結びつかない価値観から、結果に結びつく新しい価値観への変容につながる。
　新しい価値観をつくることが、知力生産性が高く、明るく活性化した開発職場の風土をつくっていく。コミュニケーション革新によるFACE to FACE、双方向、ワイガヤ、オープンマインドの醸成は、職場を自由で風通しのよい風土にする。それは、頭脳労働者である開発者の生産性が高まる風土である。

　私たちのコンサルティング経験からいえば、真の「合知合力」の価値観を持ったチームになるためには下記のステップがある。

①何でも話せるオープンマインドなチーム状態
②未来を考え抜くコミュニケーションがとれるチームと個人の実現
③チームメンバーの仕事状況に互いが興味関心を持つ
④未来をみる計画と問題・課題の明確化、チームでの解決
⑤1人ひとりの役割自覚と発揮
⑥チームワークでの成功体験
⑦問題・課題のスピーディーな解決ができるチームへの成長
⑧「合知合力」の価値観醸成

　①から⑧のそれぞれで「格闘」しなければならない。それは、チームで「変える」というステップが関係してくるため、非常

にハードルが高い。
　しかしながら、インパクト・メソッドに取り組んだチームは、スピードの差はあるが、この一つひとつをクリアして「合知合力」の価値観を身につける。
　合知合力の価値観を身につけたチームは、チームと個人の問題・課題解決能力や目標設定能力、未来を共有する能力、そしてチームでの学習能力を身につけ、成長していくことになる。

おわりに

　私たちは約250社で開発部門のコンサルテーションにあたり、2万人以上の開発マネジャーやメンバーとともに、職場のマネジメント革新に取り組んできた。
　経営の結果は職場のマネジメントによるところが大きい。しかし残念ながら、仕事のやり方に鈍感だと仕事の結果には目はいくが、結果を導く仕事のやり方がどうだったのかということまで思いが至らず、ルールや仕組みを改善するにとどまってしまう。もっと本質的に「人」と「仕事のやり方」の関係に踏み込み、メンバー全員が組織全体最適を考え、行動するマネジメント風土が必要である。
　本書でお伝えした「格闘」は、業務成果を実現するための問題・課題解決行動、すなわちマネジメント行動を起こすときや、業務成果に関係する自分以外の他人に働きかけをするときに生じる葛藤に対する闘いである。「格闘」することは正しい仕事のやり方の価値観に挑戦することで、その成功により新しい価値観が身につく。それこそがマネジメントのめざす正しい姿ではないだろうか。
　かつてインパクト・メソッド導入企業の方々約200名が一堂に会し、ワイガヤでマネジメント議論を行ったところ、「自分が変わらないと部下は変わらない」「人に興味関心を持つことが大切」「人軸をマネジメントの基軸にする」「マネジャーが他責では成果が出ない。自責で行動する」「マネジャーは価値観

を押しつけるのではなく、メンバーと一緒に考える」などのマネジメントについての共通認識、価値観があらためて共有された。業種業態を問わず、仕事は人で行うものという前提に立ち「格闘」というマネジメントの本質を体験されたがゆえの共感の場となった。そして進化版としてプログラムを発展させることができたのは、インパクト・メソッドを展開されている企業の皆様あってのことであり、心より感謝申し上げたい。

　私事ではあるが開発設計に従事していたときに体感した考え方「仕事がうまくいかないと元気は出ない」を広く実現したくコンサルタントに転職して早や30年。泥臭く現場を見続けてきた経験を今回弊社の仲間と整理させてもらった。マネジメント学や経営管理学を改めて正式に学校で学んだわけではなく「現場の現実から理論あとづけ」に挑戦し続けている途上であるため、読者の皆様にはわかりにくい内容になっていることは御容赦いただきたい。今後も革新の考え方と実践手段の進化に精進する覚悟であり、本書が経営やマネジメントに従事される方々やメンバーの悩みを解決する一助となることを願い筆を置く。

2016年12月

　　　　　　　　　　株式会社インパクト・コンサルティング
　　　　　　　　　　　　　　代表取締役　倉益幸弘

■参考文献

『アナログコミュニケーション経営』
倉益幸弘 著（実業之日本社）

■会社概要

株式会社インパクト・コンサルティング
IMPACT Consulting Ltd.

所 在 地	〒141-0022 東京都品川区東五反田1-21-10 東五反田I-Nビル3階
代表取締役	倉益幸弘
設　　立	2001年4月
事業内容	・知力生産性向上による経営革新のコンサルティング ・研修、社員教育、セミナー
連 絡 先	TEL 03-5475-1355　FAX 03-3440-5020 E-mail info@impact-consulting.jp
ウェブサイト	http://www.impact-consulting.jp/

■著者プロフィール

倉益幸弘 くらます・さちひろ

設備機械メーカーの設計を経験後、大手コンサルティング会社を経て、故岡田幹雄氏とともに2001年インパクト・コンサルティングを設立。インパクト・メソッドの開発に最初から携わる。2004年より代表取締役。

宗像 宏 むなかた・ひろし

自動車メーカーで製品企画を経験後、間接部門のマネジメント・コンサルティングを経験。2001年インパクト・コンサルティング設立に参画。インパクト・メソッドをホワイトカラー全般のマネジメント革新に発展させている。同社パートナー。

久保昭一 くぼ・しょういち

印刷会社にて材料開発を経験後、研究開発マネジメントのコンサルティングに従事。2001年インパクト・コンサルティング設立に参画。技術系マネジャーのマネジメント力向上の実践指導には多くの支持がある。同社パートナー。

内田士家留 うちだ・しげる

ホワイトカラー部門のマネジメントに関するコンサルティングに従事後、2004年インパクト・コンサルティングに入社。同社パートナー。営業、企画担当としてインパクト・メソッドの普及およびインパクト・メソッド導入企業交流会を通じた導入企業間の交流を推進している。

高木家治 たかぎ・いえじ

トヨタ自動車株式会社でT-KI（インパクト・メソッドの呼称）の社内インストラクターとして、おもに海外事業体の指導を行う。その後事務局になり、技術部門のT-KIの全面展開を推進。トヨタ自動車定年退職後、インパクト・コンサルティングのコンサルタントとして各社の職場マネジメント力向上の実践指導にあたっている。

業務成果と人と組織の成長を同時実現！
開発チーム革新を成功に導く
インパクト・メソッド 進化版

2016年12月17日　初版第1刷発行

著　者　インパクト・コンサルティング
　　　　倉益幸弘／宗像宏／久保昭一／内田士家留／高木家治
発行者　岩野裕一
発行所　株式会社実業之日本社
　　　　〒153-0044
　　　　東京都目黒区大橋1-5-1 クロスエアタワー8F
　　　　TEL［編集・販売］03-6809-0495
　　　　実業之日本社のホームページ　http://www.j-n.co.jp/
印刷・製本所　大日本印刷株式会社

落丁・乱丁の場合は小社でお取り替えいたします。実業之日本社のプライバシーポリシー（個人情報の取り扱い）は、上記サイトをご覧ください。本書の一部あるいは全部を無断で複写・複製（コピー、スキャン、デジタル化等）・転載することは、法律で認められた場合を除き、禁じられています。また、購入者以外の第三者による本書のいかなる電子複製も一切認められておりません。

©IMPACT Consulting Ltd. Printed in Japan 2016
ISBN978-4-408-41192-7